「ひと」BOOKS

もが解決！クラスのもめごと

平墳雅弘《ひらつか・まさひろ》

太郎次郎社エディタス

はじめに

「わたしたちはどんなときもいじめに立ち向かい、いじめゼロをめざします」

二〇一三年九月、東京の文部科学省に全国から四十三校の中学校の生徒が集まって「全国生徒会サミット」が開催され、いじめ撲滅を宣言した。

具体的ないじめ防止策として、「全校生徒による討論会」「ハイタッチ運動」「いじめの仲裁者の育成」などのアクションプランが発表された。全国の学校、クラスでも「いじめゼロ」の決議をあげたり、生徒会を中心にあいさつ運動やいじめ撲滅運動などを実践している。

こうしたいじめ解決に向けた子ども参加の盛り上がりは、いじめの渦中にある子どもたちの「自分たちもいじめをなんとかしたい」「自分たちもできることがあれば参加したい」という心の叫びのあらわれである。

これまで子どもは社会的な弱者とみなされ、大人社会から守り保護されるべき立場にあるとされてきた。とりわけ学校では、いじめアンケートの作成からいじめの調査、いじめられた子といじめた子の関係修復など、教師がすべての役割を担ってきた。

かつて二十年あまりまえ、わたしが学級経営に中学生を参加させていじめを解決しようとしたとき、クラスの生徒たちは「いじめを解決するのは先生の役割じゃないの?」と尋ねたが、生徒会サミットの中学生たちの発言に隔世の感を禁じえない。

こうした活動のきっかけは、一九九四年に愛知県西尾市の中学二年生（当時）、大河内清輝くんが同級生からのいじめを苦に自殺した事件である。くりかえされた残忍で陰湿ないじめは社会問題にまで発展したが、その当時は子どもにいじめを解決させるという実践などどこにも見当たらず、まさに暗中模索の船出であった。

本書は、問題解決のための子ども参加の仕組みづくりにいたる、二十年間の実践記録である。なお、登場する生徒は仮名とし、敬称の使用はクラスでの呼び方に従った。

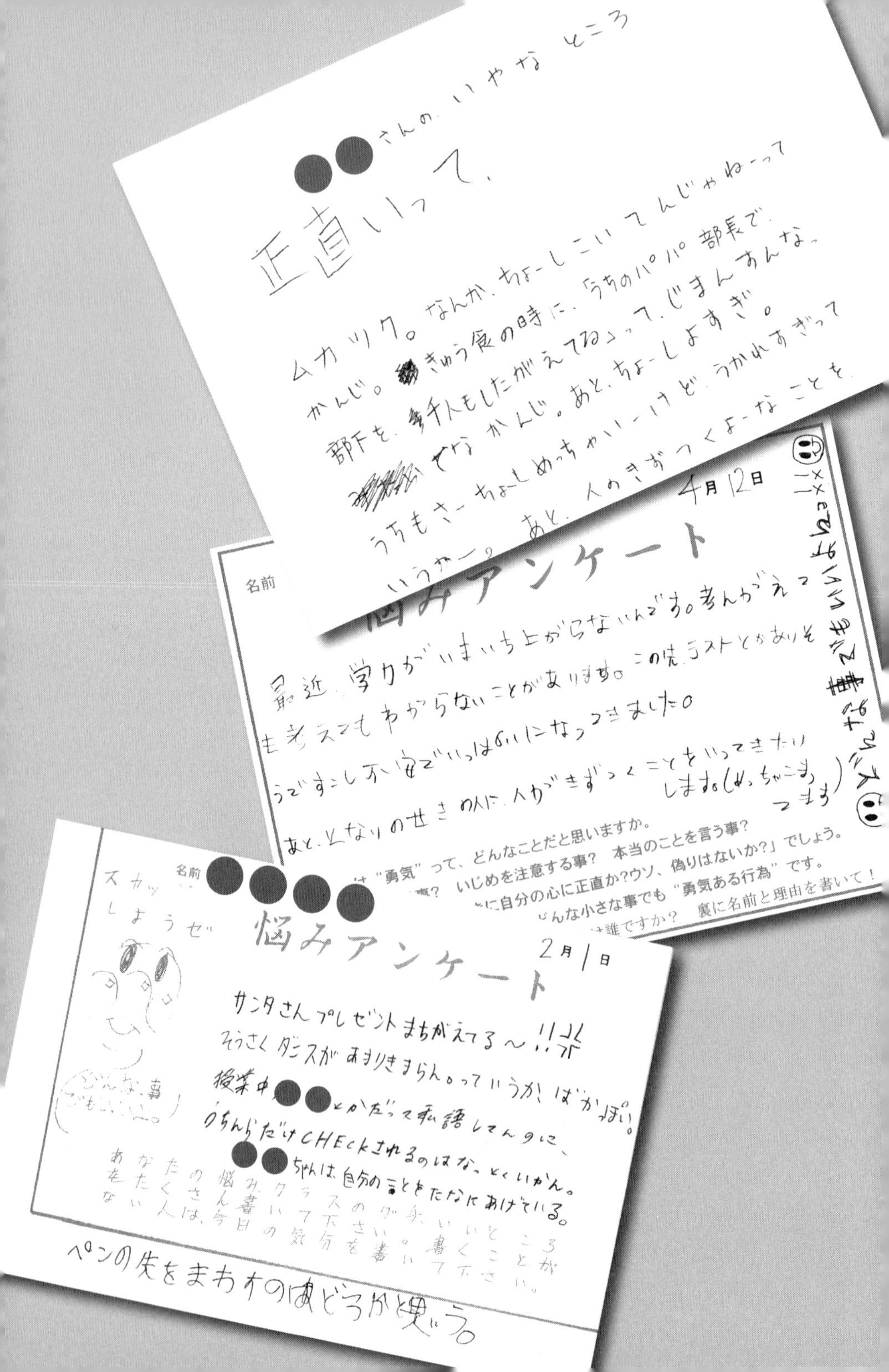
[redacted]さんの いやな ところ
正直いって、
ムカツク。なんか、ちょーしこいてんじゃねーって
かんじ。きゅう食の時に、「うちのパパ部長で、
部下を、千人もしたがえてる」って、じまんすんな。
でなかんじ。あと、ちょーしよすぎ。
うちもさーちょしめっちゃいーけど、うかれすぎって
いうかー。あと、人のきずつくよーなことを、
4月12日
名前
悩みアンケート
最近、学力がいまいち上がらないんです。考えても わからないことがあります。この先テストとかありそうですこし不安でいっぱいになってきました。
あと、となりの世きの人に、人がきずつくことをいってきたりします。（めっちゃこまってます）
"勇気"って、どんなことだと思いますか。
事？ いじめを注意する事？ 本当のことを言う事？
に自分の心に正直か？ウソ、偽りはないか？」でしょう。
んな小さな事でも"勇気ある行為"です。
は誰ですか？ 裏に名前と理由を書いて！
名前 [redacted]
スカッとしようぜ
悩みアンケート
2月1日
サンタさんプレゼントまちがえてる〜!!※
そうさくダンスがあまりきまらん。っていうか!ばかっぽい!
授業中[redacted]とかだって私語してんのに、うちらだけCHECKされるのはな。
[redacted]ちゃんは自分の言とをたなにあげている。
あなたの悩み、クラスのグチ、いいところをたくさん書いて下さい。書くことがない人は、今日の気分を書いて下さい。
ペンの先をまわすのはどうかと思う。

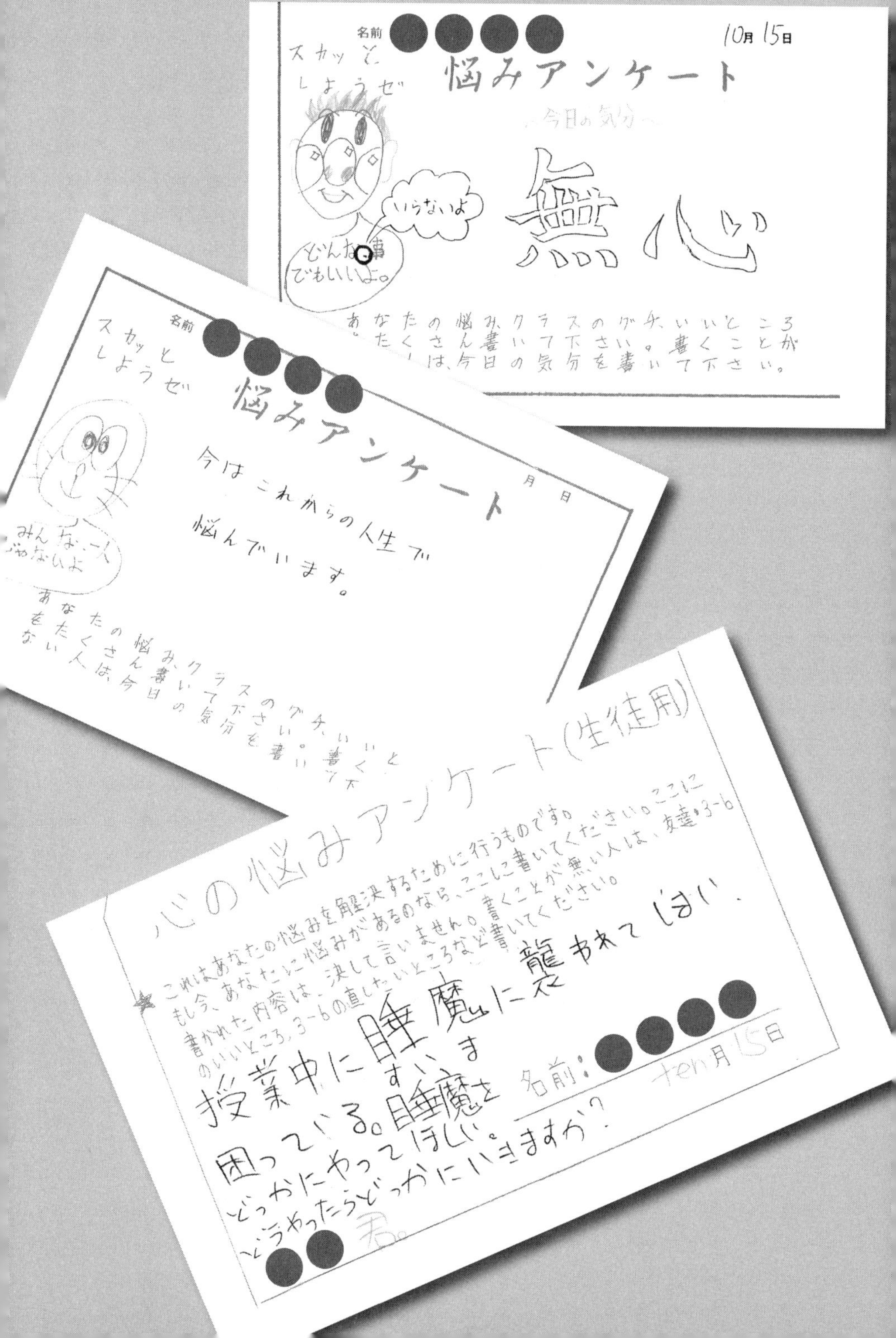
名前 [redacted]
10月 15日
スカッと しようぜ
悩みアンケート
〜今日の気分〜
いらないよ
どんな事でもいいよ。
無心
あなたの悩み、クラスのグチ、いいところをたくさん書いて下さい。書くことが
は、今日の気分を書いて下さい。
名前 [redacted]
スカッと しようぜ
悩みアンケート
月 日
今はこれからの人生で悩んでいます。
みんな一人じゃないよ
あなたの悩み、クラスのグチ、いいとをたくさん書いてください。書く
ない人は、今日の気分を書い
心の悩みアンケート(生徒用)
★これはあなたの悩みを解決するために行うものです。
もし今、あなたに悩みがあるのなら、ここに書いてください。ここに
書かれた内容は、決して言いません。書くことが無い人は、友達・3-6
のいいところ、3-6の直したいところなど書いてください。
授業中に睡魔に襲われて困っている。睡魔をどっかにやってほしい。
どうやったらどっかにいきますか？
[redacted]君。
名前：[redacted] ten月15日

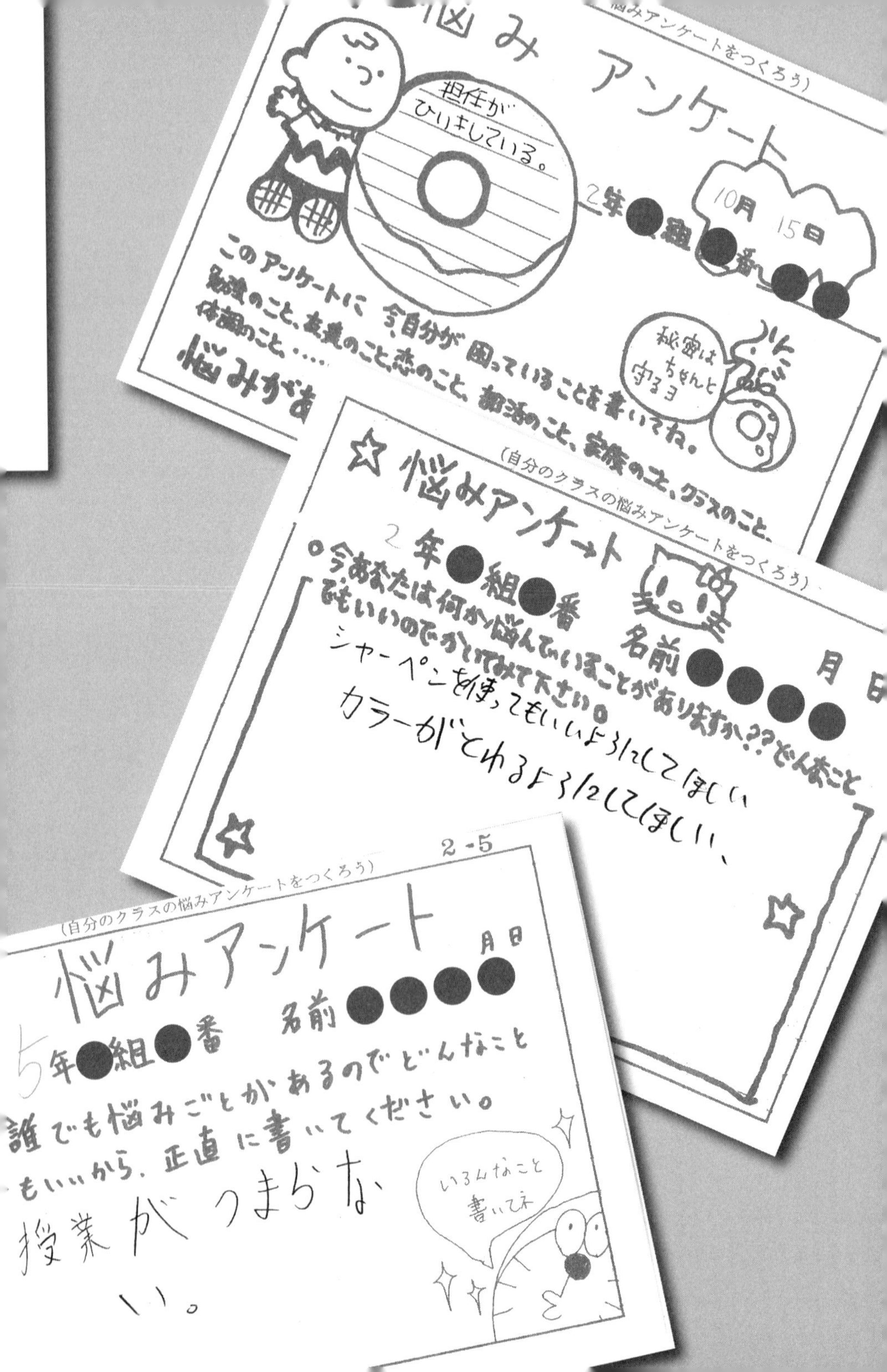
悩み アンケート
（自分のクラスの悩みアンケートをつくろう）
担任がひいきしている。
2年[redacted]組[redacted]番[redacted]
10月 15日
このアンケートに 今、自分が困っていることを書いてね。
勉強のこと、友達のこと、恋のこと、部活のこと、家族のこと、クラスのこと、
体調のこと……
秘密はちゃんと守るヨ
☆悩みアンケート
（自分のクラスの悩みアンケートをつくろう）
2年[redacted]組[redacted]番 名前[redacted] 月 日
○今あなたは何か悩んでいることがありますか？？どんなことでもいいので書いてみて下さい。
シャーペンを使ってもいいようにしてほしい
カラーがとれるようにしてほしい。
2-5
（自分のクラスの悩みアンケートをつくろう）
悩みアンケート 月日
5年[redacted]組[redacted]番 名前[redacted]
誰でも悩みごとがあるのでどんなことでもいいから、正直に書いてください。
授業がつまらない。
いろんなこと書いてネ

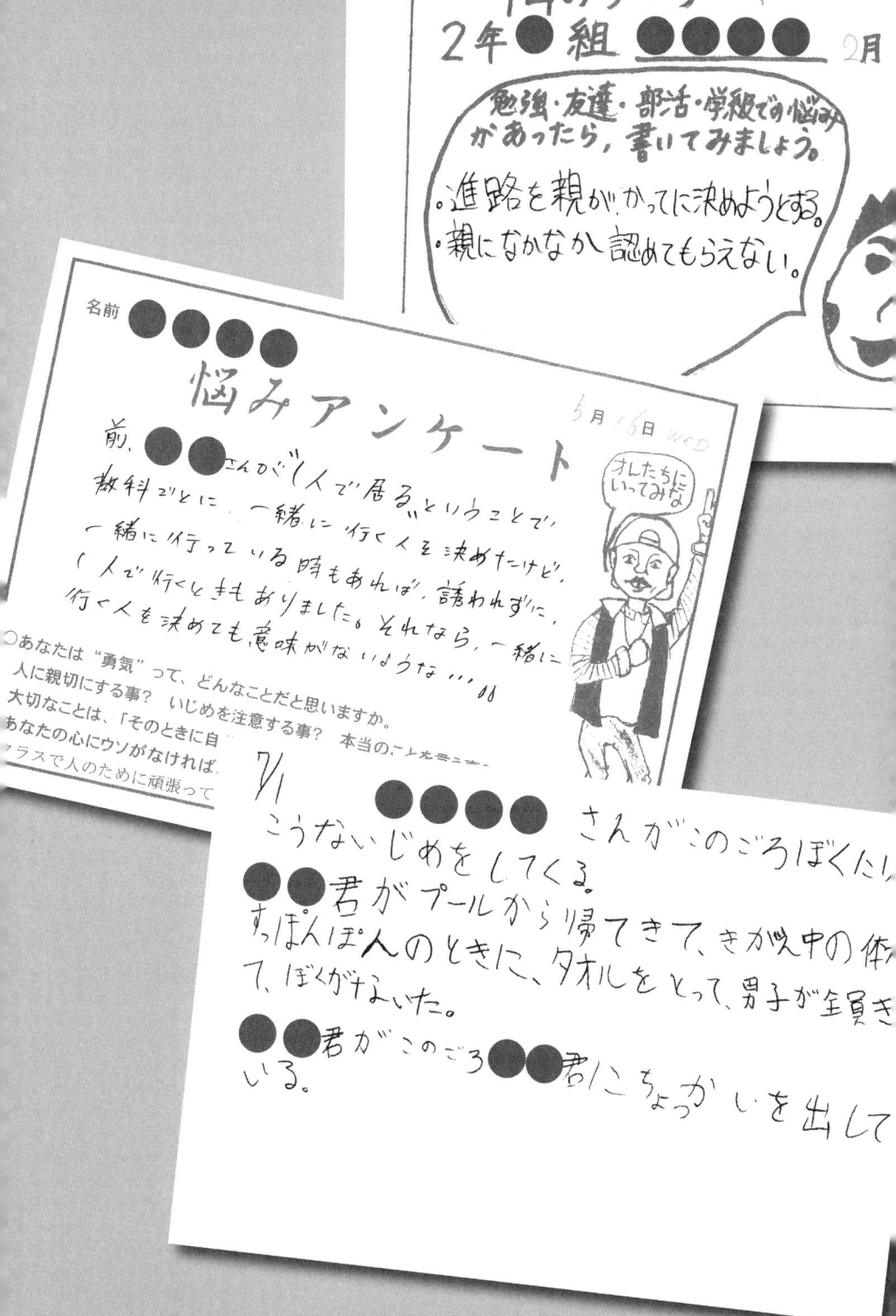

悩みアンケート
2年[redacted]組 [redacted]
2月
勉強・友達・部活・学級での悩みがあったら、書いてみましょう。
・進路を親がかってに決めようとする。
・親になかなか認めてもらえない。
名前 [redacted]
悩みアンケート
5月16日 WED
前、[redacted]さんが「1人で居る」ということで
教科ごとに、一緒に行く人を決めたけど、
一緒に行っている時もあれば、誘われずに、
1人で行くときもありました。それなら、一緒に
行く人を決めても意味がないような……。
オレたちにいってみな
○あなたは"勇気"って、どんなことだと思いますか。
人に親切にする事？ いじめを注意する事？ 本当の
大切なことは、「そのときに自
あなたの心にウソがなければ
クラスで人のために頑張って
7/1
[redacted]さんがこのごろぼくたり
こうないじめをしてくる。
[redacted]君がプールから帰てきて、きがえ中の体
すっぽんぽんのときに、タオルをとって、男子が全員き
て、ぼくがないた。
[redacted]君がこのごろ[redacted]君にちょっかいを出して
いる。

子どもが解決！　クラスのもめごと　目次

第一章

仕組みとしての子ども裁判

「勇気をだしてほんとうのことを言います」

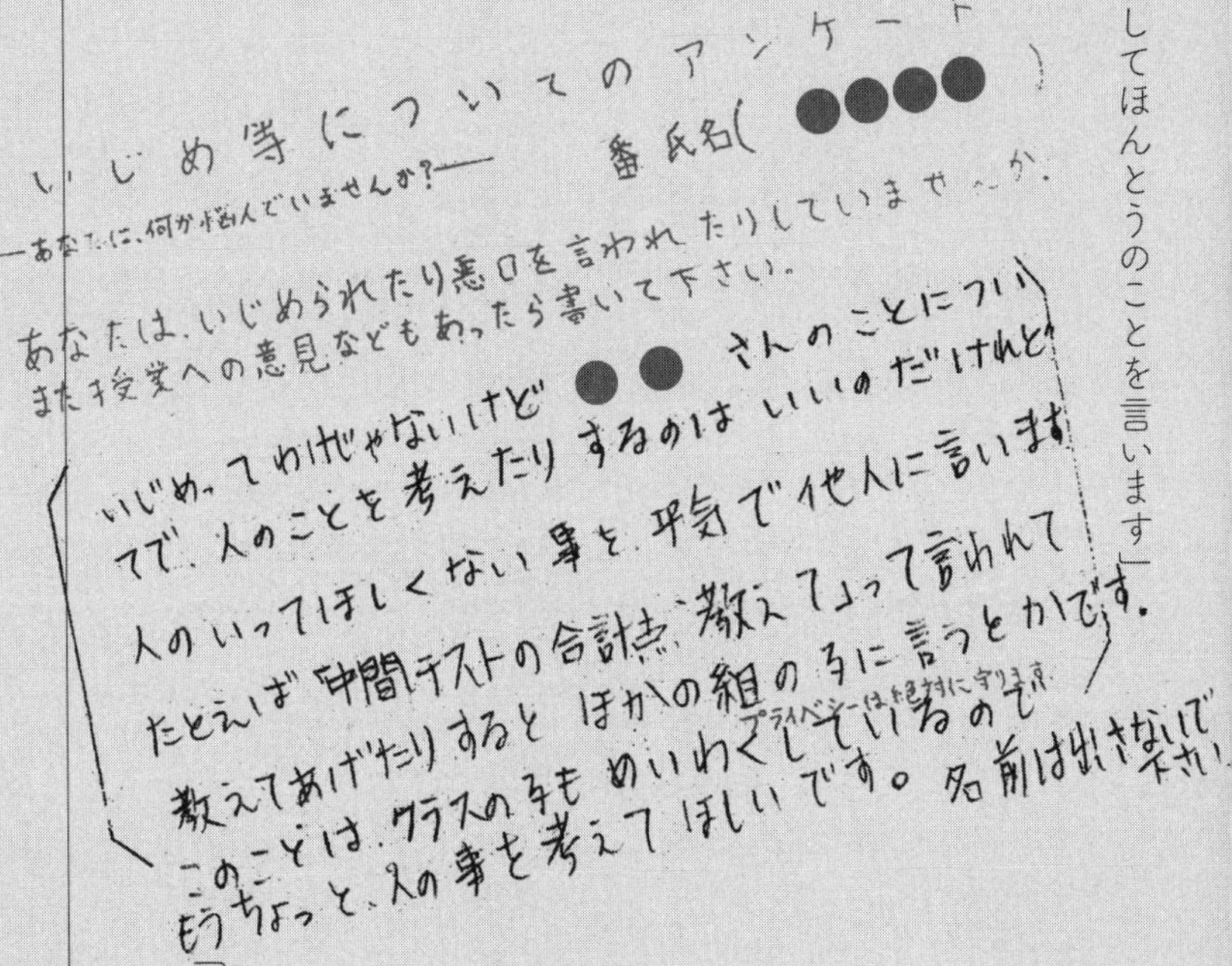
いじめ等についてのアンケート

番 氏名(●●●●)

—あなたは、何か悩んでいませんか?—

あなたは、いじめられたり悪口を言われたりしていませんか。
また授業への意見などもあったら書いて下さい。

いじめってわけじゃないけど ●● さんのことについてで、人のことを考えたりするのは いいのだけれど人のいってほしくない事を、平気で他人に言います。たとえば中間テストの合計点、教えてよって言われて教えてあげたりすると ほかの組の子に言うとかです。このことは、クラスの子もめいわくしているので もうちょっと、人の事を考えてほしいです。名前は出さないで下さい。

プライベシーは絶対に守ります

「ゴメンのひとことが言えないの?」

「おいらは、許せねー!」

子ども裁判、開廷

放課後の教室、子ども裁判の開廷に向け、中学生たちがつぎつぎと入場してくる。静まりかえっていた空間が、一瞬にして活気づく。それは制止した湖面に投げられた小石の波紋が、つぎつぎと輪を描くようである。

「きょうのテスト、サイテー」「部活の試合どうだった」などと会話する子、「ピーヒャラ、ピーヒャラ」と歌いながら入場する子もいる。

会場はカーテン全開、燦々《さんさん》と日光が降りそそぎ、中央のテーブルには美しい花が飾られている。もちろん、生徒たちの提案だ。

「おれの席はどこだ」「もう時間よ。○○くん、来た?」「ここにいるよ」などの声が飛び交う。いじめられた子といじめた子が向かいあわせに着席すると、一瞬、ピーンと張りつめたなんとも言えない緊張感が漂う。いじめっ子は、「なんでおれだけ呼び出すのや」と眼を三角にして友だちをにらみつける。いじめられた子は、ヘビににらまれたカエルのように固まっている。

全員の参加を確認し、司会者が開廷を宣言する。

「これから子ども裁判を開廷します。きょうのテーマは、○○さんの相談についてです。どうすれば悩みが解決できるか、積極的に意見を述べてください」と目的を告げる。

「大声を出したり、相手をバカにするようなことはやめてください」

「勝手に立ち歩いたり、騒いだりしないでください」

「意見があるときは手を挙げて、指名されてから発言してください」

司会者が注意事項を伝え、つぎに相談者と相手の子が宣誓文を読みあげる。

「宣誓、わたしはけっしてうそは言いません。勇気をだしてほんとうのことを言います」

起立して宣誓する子もいれば、イスの背にもたれて「この漢字、どう読むんやった」などと質問する子もいる。つぎに、子ども裁判員からくわしい調査内容が報告され、訂正や付け足しがなければいよいよ裁判のスタートとなる。

まず、質疑応答。「どうしてそんなことしたのよ」「そんなの、やってねーよ」「あんた、正直に言ってよ」「これまで何回ぐらいやったの」「二回かな、三回だったかな。忘れちゃった」「いいかげんなこと言わないで」など、日常のことばが飛び交う。司会者は、「まあまあ、落ち着いて」と巧みに舵《かじ》を切る。

つぎに、参加者ひとりひとりが「おれ的には、いじめだと思う！」「どっちもどっち、おたがいに反省すべき」「ちょっとふざけすぎ」「おいらは、許せねー！」などと意見を述べる。

言い訳をくりかえす同級生にたいし、女子裁判員が「ちょっと、さっきから何を同じことばかり言ってるの。ゴメンのひとことが言えないの」とカツを入れたり、「そういう言いかたはよくない。直してください」と忠告したりする。友だちの珍回答に一同が大笑いし、相手の言い分に「そうだったのか」とうなずく。

それまで「わたしはあの子をぜったいに許さない」などと息巻いていた生徒が、同級生から「何言っているの、あなただって悪口を言っていたじゃない」などとたしなめられ、青菜に塩でしょぼんとなる。

中学三年生の女子生徒は、そんなようすをつぎのように語った。

「子ども裁判はすこしおもしろいときもあったし、とても緊張感が漂うときもありました。おかげで友だちのことがよくわかったと思います。呼び出されたときは、あまりいい気持ちはしませんでした。でも、終わったあとはスッキリした気分になれました」

つぎに、司会者が相談者と相手の子に謝罪やなかなおりを提案する。素直に「ごめんなさい」と頭を下げる子もいれば、黙って手を差し出す子もいる。周囲から、パチパチと拍手が起こる。

ある日の子ども裁判のひとコマだ。

子ども参加は子どもの権利

いじめを解決するのは子どもたちである。子どもたちが参加する仕組みをつくれば、いじめは解決できる。そうした仕組みがなければいじめはなくならないし、学校も教育も変わらない。

いじめ対策は、万策つきた感がある。これまで何か問題が起きるたびに数々の対策がとられてきた。思いやりの心を育てようと道徳教育が推進され、スクールカウンセラー、心理カウンセラー、相談員、警察官、はては弁護士までが総動員されたが、どれだけ有効に機能しているのか疑問だ。学校現場には、「だれが来ても、どんな対策をたてても同じ。いじめはなくならない」といった無力感が漂っている。

わたしは、「子ども裁判」という仕組みを学級経営にとり入れ、教室や学校で起きた問題を子どもたち自身で解決させてきた。子どもたちはクラス員から数千件もの相談を吸いあげ、数百件のいじめや不登校などの問題を解決してきた。

はじめて「子ども裁判」ということばを耳にした方の多くは、「子どもを裁判にかけるのか」「教育に裁判はなじまないのではないか」などと思われたにちがいない。これまでも、そうした声を何度も耳にしてきた。

とかく日本では「裁判沙汰《ざた》」「訴訟沙汰」などといわれ、裁判の印象が悪い。それが子どもと結びついたとなれば、もう黙っていられないという気持ちになるのかもしれない。

しかし、「裁判」と名づけてはいるが、けっして人を裁くものではなく、子どもどうしがおたがいを理解し、許し、励まし、信頼し、絆《きずな》を深めるためのものである。ある人は、「これは裁判ではなく、子どもたちがたがいに理解しあうための仕組みではないか」と言い、学校の同僚は、「この実践は子どもたちの絆を深めるもので、『絆活動』という名称がいい」と提案した。(それでも「裁判」という名称を使っているのは、後述するが、教育者ヤヌシュ・コルチャックの実践との出会いによる。)

大人は、「子どもにいじめが解決できるはずがない」と言う。しかし、どこにその根拠があるのか。世界を見渡せば、子どもたちがいじめ問題を解決した事例はいくらでも発見できる。

大人は、「子どもは未熟で社会的な経験も少ない」と言う。たしかに子どもは大人にくらべれば、社会的な経験が少ない。しかし、世界が広がれば大人だって知らないことがいっぱいある。ましてや大人は、現在の「子ども時代」や「子どもの世界」を知らない。逆に子どものほうが、経験や世間のしがらみにとらわれない自由な発想ができる。

いじめの多くは、学級を舞台に、同級生のあいだで起きている。子どものことをいちばんに知っているのは、ほかでもない子どもたちだ。その子どもが主人公となって問題解決に参加する——それが当然の権利であることは、子どもの権利条約で確認ずみだ。

子ども裁判は、子ども自身がいじめなどの問題と対峙することで自己を変革していくための挑戦である。こうした仕組みがないと、人間関係のささいなつまずきが疑心暗鬼を生み、関係は修復不可能になりかねない。また教師にとっては、教室という閉ざされた空間で独善的な権力者にならないよう、気づかせてくれる仕組みでもある。

いったい、いつから大人たちは、いまの子どもは何をしでかすかわからない、と子どもを得体のしれない異物のように見るようになったのか。子ども裁判の仕組みは、この卑屈で歪んだ偏見を打破し、新しい子ども像を見せてくれるだろう。

日本でいちばん小さな裁判所

ここで、子ども裁判についてかんたんに説明する。

子ども裁判の中心となるのが、「子ども裁判所」だ。場所は教室にあって、日本でいちばん小さく、子どもの身のまわりで起きた日常生活での悩みごと、学習や人間関係から、いじめや不登校、人を傷つける行為や規律違反、さらには部活や教師との関係まで、およそ子どもに関係するすべての相談に応える。

万引きや窃盗、傷害や暴力など犯罪行為にあたるものについては扱わず、学校が対応する。ただし、貸し借りトラブルや暴力にかんするものであっても、「○○くんが勝手に消しゴムを使う」「○○さんが貸したものを返してくれない」「○○くんがたたいてくる」「○○さんがものを投げてくる」といった、比較的被害の小さな問題については、子ども裁判所が受け付ける。

子ども裁判所で活躍するのが、「子ども裁判員」だ。メンバーは男女各三人の計六人（四人は常任、二人はそのつど選出）で、選挙や推薦によって選ばれる。これまで最年少の子ども裁判員は、九歳の小学四年生だった。

子ども裁判員には、「個人の秘密やプライバシーを守ること」「良心に従って意見を言うこと」「仕事をまじめにやること」などの服務規定があり、クラス員の四分の三以上の不信任で解任されることもある。子ども裁判所の仕事は、つぎのようにおこなう。

(1)──悩みアンケート

子ども裁判所は、クラス員にたいし定期的に（月二回）困っていること、悩んでいることをアンケートで尋ねる。友だちのこと、教師のこと、学習や健康のことなど、なんでもござれだ。もちろん、急ぎの相談があればいつでも相談を受け付ける。

悩みアンケートには、「給食当番でサボっている子がいる」「○○くんが掃除をまじめにやってくれない」「勉強しているのに成績が上がらない」「不登校の○○さんのようすが知りたい」「部活で疲れて勉強ができない」など、さまざまな相談が寄せられる。

なかには、「学校なんかイヤだ」とたったひとことのものもあれば、「友だちの話に入ろうとしているのだけれど、努力すればするほど無理に話をあわせているようで、自分がイヤになる。となりの友だちは気をつかってくれるけどあんまり話せなくて……。でも、無理に話してもらうのはイヤです。どうしたらいいのかわからない」など、切々と思いを綴《つづ》ったものもある。

子どもにかんすることならば、教師や保護者からの相談も受け付ける。ある教師は、「授業で発言する子がいつも限られている」「ノートの提出が守られていない」と相談を寄せ、またある保護者は、「中学生の小遣いはいくらほどですか。親として悩んでいます」と相談を寄せた。

(2)―調査

回収された悩みアンケートはその日のうちに仕分けし、内容ごとに一件ずつ対応を練る。たとえば、「友だちがいない」といった相談は学級会の議題に提案したりし、「体調が悪い」などは保健室の先生に指導をお願いする。

「これはただごとではない」「もっとくわしいことが知りたい」と判断した相談については、子ども裁判員が二名でペアを組み、さらにくわしい調査に出向く。

調査内容は、たとえばいじめが疑われるものであれば、「いつ、どこで、だれに、何をされたのか」「そのときの気持ち」「どうしてほしいのか、または、どうしたらいいと思うか」「不安や要望はあるか」など。もちろん相談者だけでなく、相手の子にたいしても、「なぜ、そんなことをしたのか」「そのときの気持ちは」「いまの気持ちは」「相手の子の気持ちを考えたことがあるか」などについてくわしく調べる。

子ども裁判の進め方（中学校編）

①はじめのことばと諸注意
②参加者の紹介
③宣誓（誓いのことば）
④悩みアンケートの紹介
⑤調査員の調査報告
⑥質疑応答
⑦裁判員・臨時裁判員の意見
⑧相手方と相談者の意見
⑨担任の意見
⑩謝罪と和解
⑪反省の評議
⑫裁判の内容の伝達
⑬閉廷のことば

調査を終え、「このままではいけない。一度、きちんと話し合ったほうがいい」と判断したら、裁判員の全員一致によって、子ども裁判の開廷を決定する。もちろん開廷には、相談者の了解を得る。

ほかにも、「あきらかな暴力行為や悪質な悪口」「行為が軽度であっても、何度もくりかえされたとき」「相談者と相手の子の意見があきらかに食い違うとき」「相談者のようすがあきらかにおかしいとき（怖がるとか怯《おび》えているなど）」などの場合は、裁判を開廷する。

(3)—子ども裁判の開廷

子ども裁判は、司会進行のすべてを子どもたちがおこなう。参加者は相談者と相手の子、子ども裁判員、担任、そのほかに保護者や同級生もオブサーバーとして参加できる。

進行のおもな手順は以下のようである。開会のあいさつのあと、まず相談者と相手の子が「わたしはけっしてうそは言いません。勇気をだしてほんとうのことを言います」と宣誓する。その後、調査報告（相談者の言い分、相手の子の言い分）、質疑応答、裁判員の意見、相手の子の意見、相談者の意見、担任の意見と続いていく。子どもたちが教師の意見に左右されないために、「先生の意見」は最後にある。

「質疑応答」は問題解決の要で、もっとも多くの時間を割く。質疑応答がいいかげんだと、何が事実なのかわからない。「どうしてそんなことをしたのか」「何回ぐらいやったのか」「そのときの気持ちはどうだったのか」など、納得のいくまで質疑応答をくりかえし、つぎに参加者が意見を述べる。

意見はまずはじめに子ども裁判員が「謝ったほうがいい」「相手の言動は許せないが、あなたも反省する点がある」などと述べ、それを受けて相手の子と相談者が順に意見を述べる。

教師の意見のあとで司会者が、相談者と相手に謝罪やなかなおりを提案する。もちろん、これで万事解決とはいかないケースもあるし、もっと別の解決方法が選ばれるケースもある。それはこれから実例とともに紹介していきたい。

「反省の評議」は子ども自身に反省方法を選ばせるもので、たとえば掃除をサボった場合には、ボランティア活動や掃除活動をおこなう。

「反省内容の伝達」は、子ども裁判の結果をクラスや知人などに公表するかどうかを決める。最後に司会者が閉廷を告げ、子ども裁判は終了する。

同級生による悩み調査

子どもは動きが早い。教師が、保護者が何か言いはしないか、上司になんと言われるだろうか、と世間体や評価を気にしてモジモジしているあいだに、子どもは「いいこと考えた」とアッというまに駆けだし、情報というお土産を抱えて戻ってくる。

子ども裁判の特徴と優位性をあげるならば、フットワークのよさと情報収集だ。

子どもの相談にはすばやい対応が必要不可欠で、時間が経過すればするほど記憶は薄れていく。どの学校でもアンケートによるいじめの実態調査をおこない、教育委員会に報告しているが、回数は年に一回か二回、それも学期末におこなわれるていどである。これでは、いじめは風化してしまう。子ども裁判所の動きは、ひと味もふた味も違う。

まず、「悩みアンケート」は月のはじめとなかばの二度おこなう。子どもが書きやすいようにアンケートの大きさはA4半分ほどで、人気マンガのキャラクターが「名前は書きた

子ども裁判所作成の悩みアンケート

くないなら、書かなくていいよ」「思ったことはなんでも書いてね」などと語りかける。同級生からは、「書いてみようかなと思う」「友だちに呼びかけられている感じで書きやすい」などと好評だ。

回収された悩みアンケートは、その日のうちに仕分けし、内容ごとにひとつひとつ対応を練る。学校のアンケートだとそうはいかない。「もう学校なんかいやだ」と書けば、教師に呼び出され、理由を説明しなければならないし、下手をすると「もっと字をていねいにわかりやすく書きなさい」などと注意されることもある。

悩みアンケートの内容から、「これはただごとではない」「もっとくわしいことが知りたい」と判断すると、子ども裁判所は調査員を派遣してさらにくわしい調査をおこなう。調査のはじめに、「ここで話されたことは、あなたの了解なしにほかでは話しません」とプライバシーの保護を伝え、「何か心配なことはあれば、どんなことでもいいから遠慮なく言ってください」と相手の気持ちをときほぐす。ときにはいじめっ子にたいし、「相手

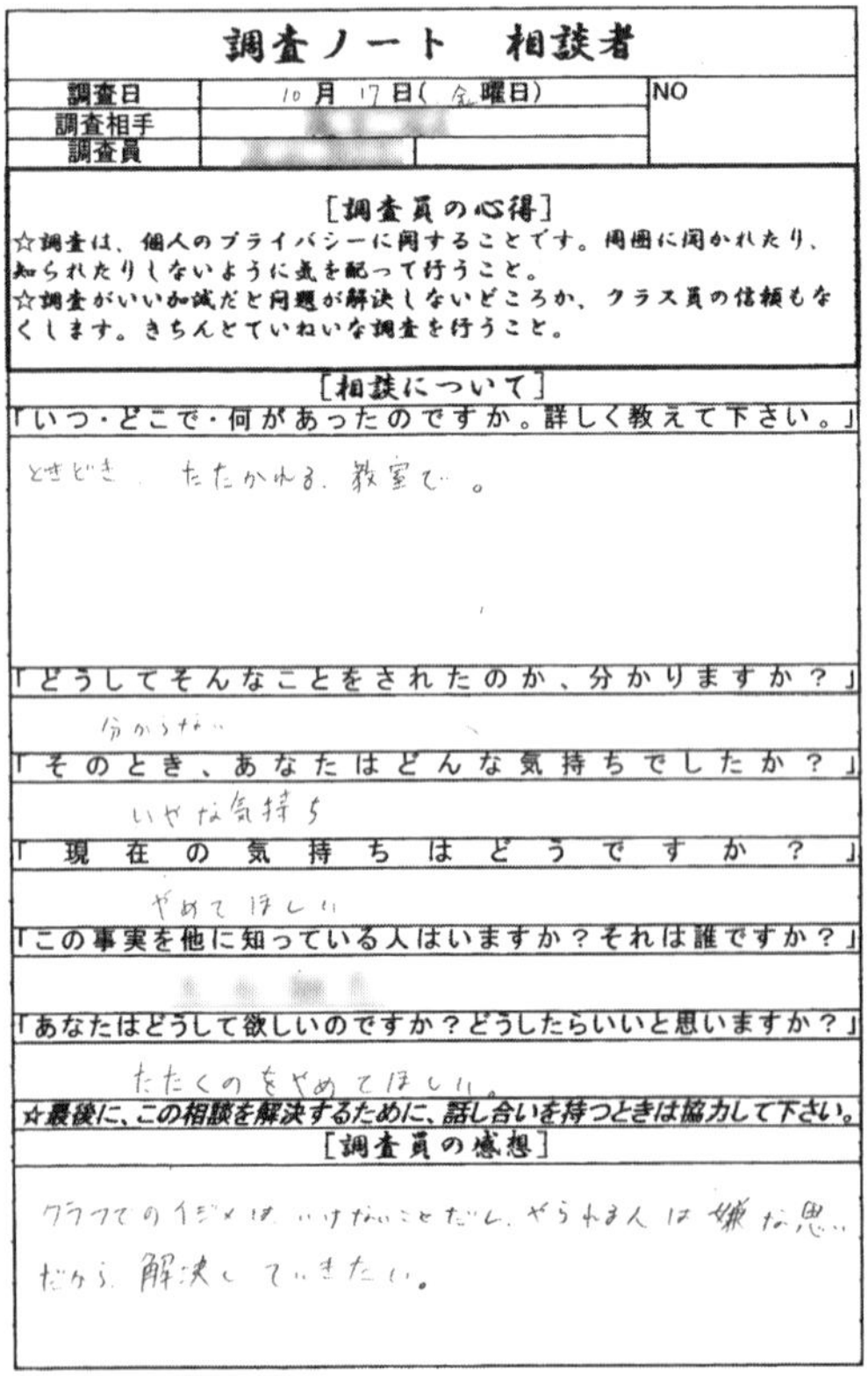

調査ノート　相談者

調査日　10月17日（金曜日）　NO
調査相手
調査員

［調査員の心得］
☆調査は、個人のプライバシーに関することです。周囲に聞かれたり、知られたりしないように気を配って行うこと。
☆調査がいい加減だと問題が解決しないどころか、クラス員の信頼もなくします。きちんとていねいな調査を行うこと。

［相談について］
「いつ・どこで・何があったのですか。詳しく教えて下さい。」
ときどき、たたかれる。教室で。
「どうしてそんなことをされたのか、分かりますか？」
分からない
「そのとき、あなたはどんな気持ちでしたか？」
いやな気持ち
「現在の気持ちはどうですか？」
やめてほしい
「この事実を他に知っている人はいますか？それは誰ですか？」
「あなたはどうして欲しいのですか？どうしたらいいと思いますか？」
たたくのをやめてほしい。
☆最後に、この相談を解決するために、話し合いを持つときは協力して下さい。
［調査員の感想］
クラスでのイジメはいけないことだし、やられる人は嫌な思い。だから解決していきたい。

調査内容は記録に残す。調査ノートは相談者用と相手側用がある。

の子があなたを怖がっている。話しかけないでほしい」と接触の禁止を伝える。

忘れてならないのが、「相談者からの委任確認」である。相談者がアンケートには答えたものの、いじめっ子からの仕返しを怖れて、「あの子たち（裁判員たち）が勝手にやっている」などと心変わりすることがある。子ども裁判員は、「あなたのかわりに活動してもいいですか」ときちんと委任確認をとってから行動する。

これには苦い経験がある。

いじめの対応として、「早期発見と早期対応が第一」「迅速な対応がいじめの拡大を防ぐ」などと言われてきた。現在でも、教師はいじめの報告を受けるとすぐに動きだす。たしかに、こうしたすばやい対応でいじめが大事にいたらずに解決した例は多い。わたしも以前は、そうすることが正しいと信じて疑わなかった。しかし、ここに大きな落とし穴があった。

ある女子生徒の悩みアンケートへの回答に、「友だちから悪口を言われている」と相談があった。調査するとかなり深刻で、さっそく相手の子と話し合いをもつことにした。ところが直前になって、生徒は「わたしは話し合いなんかしたくない。あの子たち（裁判員たち）が勝手にやっている」とソッポを向いたのだ。

わたしは「いまになって、何を言いだすのか」と当惑したが、言われてみればその子の言うとおりで、こちらが一方的に、生徒は早く解決してほしいはずだと勝手に思い込んでいたにすぎない。生徒の側からすれば、「もし解決しなかったらどうしよう」「仕返しされはしないか」「先生に告げ口したと、もっといじめられないか」など不安だらけで、何ひとつ安心材料がないのである。

あなどれない子どもの情報

また子ども裁判所は、公平な判断をするために、証人を探したり、証拠を集めたりする。いじめ解決の決め手は情報収集につきる。情報にはデマや風評もある。裏づけのとれた正しい情報が必要だ。子どもの情報はあなどれない。幼なじみも多く、学校では同じ教室で同じ釜の飯を食べている仲だ。相手の子の性格から食べものの好き嫌いまで、同級生のことをじつによく知っている。

たとえば、ある男子生徒が悩みアンケートに「家も学校も何もかもいや」と走り書きしてきたことがあった。わたしは「何かあったのか、ひょっとしていじめか？」と心配したが、子ども裁判員たちは「あいつのことならだいじょうぶ。毎日、夜遅くまでゲームをやっていて、親にしかられてゲームを取りあげられたと嘆いていた」と笑って答えた。「毎日だるい」と回答した男子生徒について、子ども裁判員は、「朝食抜きの無理なダイエット中」と口にした。両人に確認すると、そのとおりだった。

「学校に行きたくない」と回答した女子生徒がいた。子ども裁判員は、「あの子は持久走大会が不安なだけ。昨年もこの時期になると、そわそわ落ち着かなかった」と答えた。事実、持久走大会が終わると、女子生徒は何もなかったかのようにケロリとして、友だちと楽しそうに会話をしていた。

子どもは「最近人気のお店」「登下校で危険なところ」「たまり場」など、ホットな情報をもっている。「〇〇くんは△△さんにはぜったいに逆らわない」「〇〇くんのことは、あのオバさんがいちばん知っている」といった子ども間の情報も豊富だ。

もちろん、教師のもつ情報も貴重だ。学校には、生徒の小学校から中学校までの成績や出欠席の記録、学級や校外での活動記録が、担任の所見とともに保管してある。また、前担任との連絡記録や保護者との懇談記録、電話や連絡帳など日常的なやりとりの記録もある。そうした学校の情報と子どもの情報の両方を有効に活用できれば、鬼に金棒である。

先生に意見するための仕組み

さらに、子ども裁判の大きな特徴は、子どもと教師の関係や、教師の指導に意見できる仕組みであることだ。

全国の国公私立の小・中・高校などが二〇一二年度に把握したいじめは、過去最多の十九万八千百八件であることが、文科省の問題行動調査でわかった。いじめの増加にたいし文科省は、「学校側が積極的な把握に努めた結果だ」と、まるで他人事のような発言をしているが、そんなのんきな状況ではない。教師の指導のあとに不登校になったり、自殺したりする子どもたちがいる。

教育現場や医療現場では、パターナリズム（父権主義）の傾向が根強い。たとえば医療現場では、医者と患者の関係はどうしても、専門知識をもつ医者が優位に立ちやすい。こうした環境を改善するための仕組みが、インフォームド・コンセント（十分な説明と納得のいく合意）やセカンド・オピニオン（患者がよりよい判断をするために、主治医以外の専門的な知識をもった医者に意見を求めること）だ。

教育現場でも、子どもと教師の関係はどうしても、教師が優位に立ちやすい。そのため教師はしばしば、「わたしはぜったいにまちがっていない。学校のルールを守らないような子どもは、きびしく懲らしめなくてはいけない」と考えるようになる。こうした「上から目線」が、社会から管理教育と批判されるのだ。

大人は「子どもをいじめから守る」と言うが、これもまさに「上から目線」だろう。たしかに、保護者や教師にとって子どもはかわいい。子どもの生命と安全を守る教育者としての責任感や使命感がなければ、子育ても教育もできない。しかし、忘れてはならないのは、子どもは意思をもったひとりの人間であり、けっして大人のおもちゃなどではないことだ。「守る」ということばの危うさは、大人の自己満足や保身のために子どもを束縛しかねないところにある。

また、学校で体罰などの問題が起きるたびに、「人権感覚の希薄さ」「人間としてのモラルの欠如」などと、教師個人が攻撃の的とされるが、そうした批判だけでは、ますます教師を萎縮《いしゅく》させるだけだ。

子どもを前に、教師がどれだけ自己をコントロール（抑制）できるかが重要だ。そのためには、教師のおかれた環境（四十人学級や過剰な勤務など）を改善するとともに、教師が自己の教育活動を子どもの視点で見直し、検証するための仕組みづくりが必要だろう。

子ども裁判では、子どもが教師を訴えることができる。教師だって人間だから、まちがうこともあれば、忘れたり見落としたりすることもある。子どもに言われてハッとすることもよくある。子ども裁判は、教師が子どもから学び、子どもとともに成長するための仕組みである。

子どもの参加は教師をらくにする

いじめ対策でつねに障害となるのが、「教師の多忙化」である。ある教師は、「毎日の授業の準備や部活動に加え、研究会や雑務などで、とてもいじめに時間を割けない」と言う。

たしかに、教師の日常は忙しい。授業や授業の準備以外にも、四十人もの子どもの日記やテストのマルつけ、研究発表の準備など、猫の手も借りたいほどだ。中学校では部活指導もあり、日曜・祭日の休みさえままならない。

そこにいじめがあったともなれば大忙しである。いじめられた子やいじめた子の指導だけでなく、保護者への連絡や上司への報告など、担任ひとりで、いわば警察官、弁護士、検察官、裁判官、カウンセラーなどの役割をこなさなくてはならない。これでは、とてもまともな指導は期待できない。しかし、それでも「わたしには責任と使命がある」とすべてひとりで抱え込もうとするが、結局はその重みに耐えられずつぶれてしまう。

こうしたやり方にたいし子どもからは、「先生に『○○くん来て』とか『△△さん来て』とか呼ばれ、そして怒られた」「先生には自分の思ったことが言えなかったし、素直に反省できなかった」などの声があがる。

子どもには、問題にたいして意見を述べ、その解決に参加する権利がある。当事者である子どもの権利を奪い、自分ひとりで「忙しい、忙しい」と嘆いても、それは教師が自分で自分の首を絞めているようなものだ。

子どもたちといっしょに活動すれば、どれだけらくになることか。子どもたちに「学校の主人公はあなたたちだ。あなたたちには無限の可能性がある。いろいろなことにチャレンジしよう」と語るのならば、子ども自身をいじめ解決に参加させるべきである。

保護者は知りたがっている

教師の指導に理不尽な文句を言ったり、学校に自己中心的な要求を投げかけてきたりする保護者がいる。「モンスター・ペアレント」と呼ばれ、問題になっている。

たとえば、「子どもどうしのケンカに介入し、相手の子どもを一方的に悪く言って処罰を要求する」「自分の子どもの非をいっさい認めようとせず、逆に被害者を悪しざまに言う」「特定の子どもと遊ばせないように要求する」などの報告がある。こうしたことへの対応に追われて精神疾患を抱える教師も出ていて、学校全体の業務に支障をきたす場合もある。いろいろな対応策が練られているが、これといった決め手はない。

しかし、程度の差こそあれ、親がわが子のことを心配するのは当然だ。「わが子がいじめられていないか」「友だちとなかよくやっているか」「勉強はだいじょうぶか」など、いくつになっても心配の種はつきない。それを「モンスター・ペアレント」などと蔑称で呼ぶのは、まさに教師の思い上がりにほかならない。そうした発言が、どれだけ親を萎縮させているか。

保護者が過剰に走るいちばんの原因は、いじめ指導の場に保護者の参加がないことだろう。いじめが起きてもすべては学校だけで処理され、保護者はその場に立ち会うことも許されず、蚊帳《かや》の外にいる。この秘密主義的な学校の体質に問題がある。

たしかに、学校は指導後に保護者へ連絡はするが、指導のさいの教師のことばづかいや声の大きさ、顔の表情や態度、そのときの子どもの反応、顔つきやようすなどを報告する担任はいない。子どもが帰宅後に、「もう、学校へ行きたくない」「先生が怖い」などと言って保護者を困惑させることがあるが、事後報告的なやりかたでは、保護者はわが子と教師のどちらを信じていいのかわからなくなる。

保護者には、子どもを育てる責任と義務がある。そしてその保護者には、指導の場に立ち会う権利があると思う。

一九九八年、「保護者がいじめ問題にどう参加するか」について、わたしの勤務する中学校の保護者百名にアンケートをとった。結果、九割の保護者が、「悪質ないじめや暴力事件などは、生徒と先生と保護者の三者で解決するべき」と回答した。ある母親は「どんなささいな問題でも参加したい」と答えたが、いまならその割合はさらに上がっているだろう。

子ども裁判では、話し合いに保護者が参加できる。参加したある母親は、「いつもはわが子の言い分しか聞けず、信じていいものかと迷うときがありました。今回、相手の子やまわりの子どもたちの意見を聞いて、何が事実なのかよくわかりました。やはり、両方の意見を聞かなければと思いました」と感想を述べた。

保護者にとって学校の敷居は高い。多くの保護者は、「学校にこんなことを言っていいものか」「子どもが先生からにらまれないか」などと悩み苦しんでいる。学級懇談会でも集まるのはＰＴＡ役員や「問題」のない保護者ばかりで、教師は「来てもらいたい保護者はつねに欠席」と嘆くが、学校はそうした保護者が安心して参加できる環境を整備すべきで、それこそが、保護者との信頼構築の最短の近道となるはずだ。

子どもの心の奥底のこと

忘れられない光景がある。小学校の教室前の廊下で、男の子と女の子と担任が立っていた。どうやら男の子が女の子にちょっかいを出したようで、女の子は泣いていた。担任は男の子に向かって、「ちゃんと謝りなさい。きちんと『ごめんなさい』と言いなさい」と大声で指導していた。

しかし、男の子は口をへの字に固く結び、キッと担任をにらみつけていた。担任は「強情な子やね。『ごめんなさい』も言えないの」とさらに声を荒げた。男の子は目に涙を浮かべていたが、けっして謝ろうとはしなかった。その後、この男の子がどうなったはわからないが、しばらくあとにはもう廊下にはだれも見えなかった。

学校で子どもといっしょに生活していると、子どもの心にどこまで踏み込むことが許されるのか悩むことがある。いくら教師だからといって、子どもの心に土足で踏み込むことは許されない。

いじめの問題でもそうだ。いじめは、人間の根源的な部分に深くかかわっている。だれしも心のどこかに「うらやましい」「ねたましい」「好き」「きらい」などの感情をもちあわせているが、同じ人間として子どもも大人も変わらない。

運動会では足の遅い子は速い子に憧れ、給食ではとなりの子のおかずが多いように感じ、試験になれば点数がいい子をうらやむ。

テストの点数が上がって喜んでいたら、周囲から「自慢をしている」といじめられた子がいる。給食で「ぼくのおかずが少ない」と、給食当番をたたいた子どもがいる。運動会で追いぬかれたからと、追いぬいた子の悪口を言った子がいる。

大人から見ればそんなことでと思うだろうが、子どもにとっては、「ぼくだっていい点をとってほめられたい」「追いぬかされてはずかしい」といった子どもなりの思いがあり、そのあらわれなのだ。

人は成長発達とともに、そうした欲望や感情をその人なりにコントロールできるようになっていく。だが、子ども時代は上手にコントロールできずに、それらが悪口や暴力となってあらわれてしまうこともある。それらのすべてを「いじめ」として、ひとまとめに「許されない行為」と一刀両断にするのは、あまりにも子どもを知らないため、といえるだろう。

「子どもをいじめから守ろう！」という大人たちのスローガンも、一見すると正論にみえるが、子どもの世界を理解していないことの証左にさえ思える。結局は、子どものなかに依存体質を根づかせ、健全な成長発達を阻害しかねない。そうではなく、いじめという問題とどうつきあっていくか、どう解決していくかを子どもたち自身が考えられるようにすることが必要だ。

多くの大人が、「子どもにいじめが解決できるはずがない」「やらせても途中で逃げだすに決まっている」と思っている。なかには、「子どもがいじめを解決したら、大人のプライドが損なわれる」などと言う大人もいる。

じつはわたし自身、子ども参加の実践をはじめるまでは、「子どもにいじめが解決できるはずがない。いじめをなくすのは教師の使命だ」「クラスが落ち着かなかったり、いじめが起こったりするのは、担任に指導力がないからだ」などと思い込んでいた。体罰についても、「ルールを無視する生徒は、ときには力で抑えることもしかたない」と本気で考えていた。その生意気でどうしようもないガチガチの石頭がなぜ、子ども裁判に取り組むにいたったのか、次章以降、経過を追いながら話を進めることにする。

第二章

「子ども参加」への転換点

「担任のわたしはこんなにいっしょうけんめいに努力しているのに」

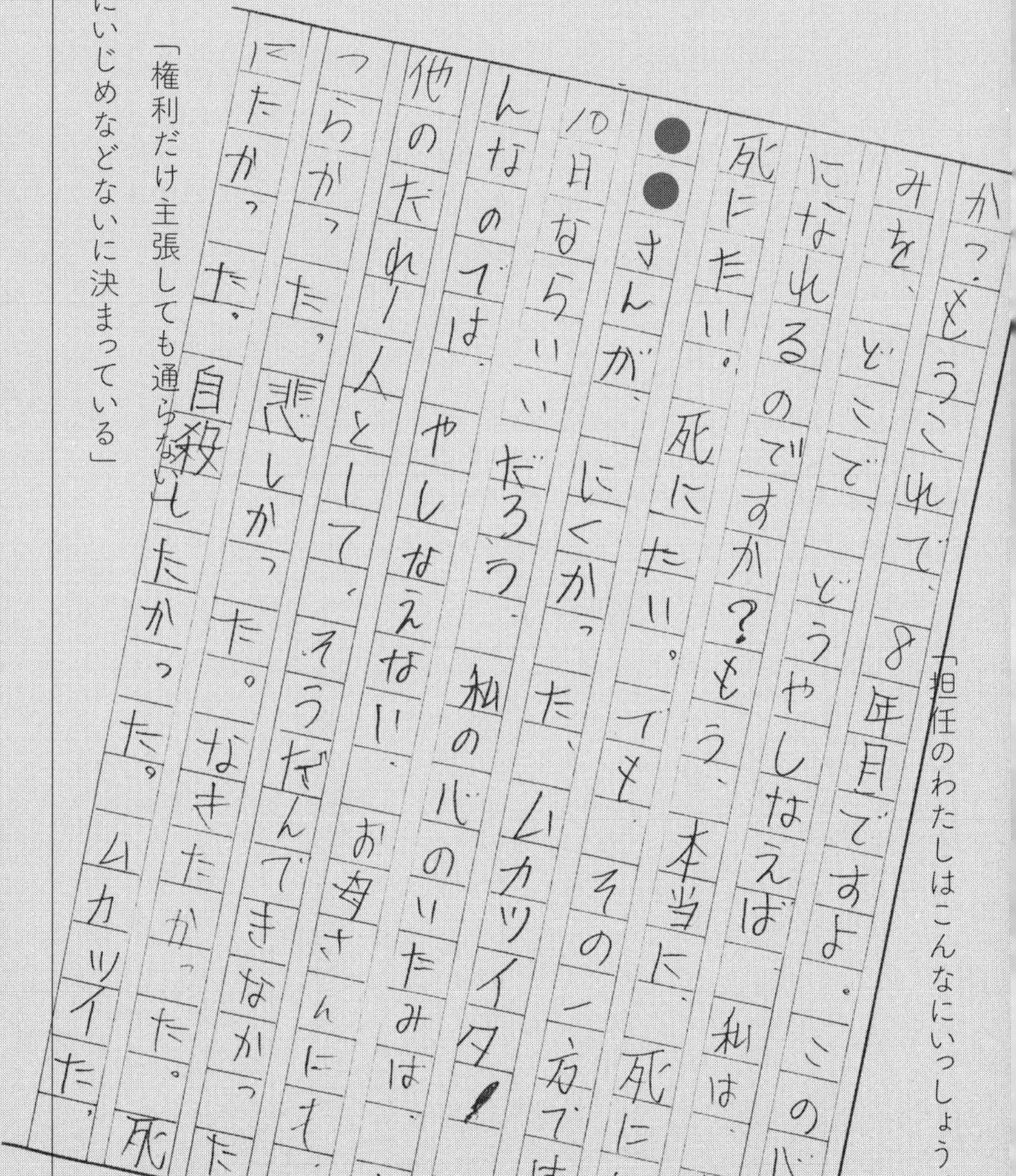
かっ。もうこれで、8年月ですよ。この心の痛
みを、どこで、どうやしなえば、私は、らく
になれるのですか？もう、本当に、死にたい。
死にたい。死にたい。でも、その一方では、
●●さんが、にくかった、ムカツイタ。
10日ならいいだろう。私の心のいたみは、こ
んなのでは、やしなえない。お母さんにも、
他のだれ1人として、そうだんできなかった。
つらかった、悲しかった。なきたかった。死
にたかった。自殺したかった。ムカツイタ。

「権利だけ主張しても通らない」

「クラスにいじめなどないに決まっている」

荒れた中学校に赴任

わたしは、今年で五十七歳になる。子どもたちから「先生」と呼ばれて三十年以上が過ぎ、職員室でもいつのまにか最年長組になってしまった。

わたしが教員になった一九七〇年後半、そして八〇年代、日本は好景気で、中学校にも多くの企業から就職募集があった。そして、全国の中学校に校内暴力の嵐が吹き荒れていた時期でもあった。

はじめて赴任した学校は岐阜県でいちばんの積雪量を記録した山間僻地の小さな中学校で、全校生徒が六十人あまりと職員が十人たらずだった。海軍兵学校出の新任校長は「信じる」と書いたお手製の額を校長室に掲げ、若い教師に向かって「信頼関係がなければ、いくら正しいことを言っても子どもの胸には響かない。信なくば立たず」と子どもと教師の関係を説いた。

つぎに勤務した中学校は一転して、近隣の四つの小学校から生徒が集まる県下屈指のマンモス校。一クラス四十五人、全校三十クラス、生徒数はおよそ千三百人であり、教職員も六十人以上いた。そして、荒れた中学校であった。同校に異動が決まったとき、同僚の先生たちが「せいぜい、中学生に殴られないように用心しろよ」と忠告してくれたのを覚えている。

当時、学校は、生徒の服装や髪型から給食の食べ方まで、こまかく校則を決めていた。毎朝、生徒指導部の教師が校門に立ち、服装や頭髪などが校則に違反する生徒を取り締まった。こうした指導を学校は「きめこまかい指導」「行き届いた指導」などと呼んでいたが、社会は「管理教育」ときびしく批判した。

わたしは、「子どものために私生活を犠牲にしてがんばっているのに、どうしてそんなことを言われるのか」と憤った。しかし、いまにして思えば、すでに当時から学校が保護者や地域から信頼を失っていたことの証であり、いくら「きめこまかい」などと表現しても、しょせんはきれいごとにすぎないだろう。

また、同校では、「学級経営を仕組む」「生徒会行事を仕組む」など、いろいろな場面で〝仕組む〟ということばが使われ、教師たちは、「このように仕組めば、学級は画期的に変化する」「もっと子どもが動くように仕組むべきだ」などと口にした。まぎらわしいが、〝仕組む〟とは〝仕組み〟ではなく、ひとつの教育テクニック（技術）である。そこでは、上手に子どもを仕組んでゴールさせた教師が「指導力のある先生」と評価され、その仕組んだレールから脱落した子どもが「問題のある子」とレッテルを貼られた。

たしかに教育技術は重要だが、それでもって子どもの心までもコントロールしようとするのはまちがっている。子どもを小手先だけで動かそうとした反動が、校内暴力や対教師暴力につながっていくのだ。

職員会では「ことばづかいや服装、髪型の乱れ」「授業での無駄話や提出物忘れ」は学校が荒れる危険な黄信号だと警戒し、あいさつや礼儀があたりまえとなる学校づくりをめざした。

わたしは、中学二年生の担任と生徒指導部に配属となった。生徒指導部には若手で体力のある男性教員が集められ、毎朝校門で生徒の服装や違反物をチェックすることからはじまり、放課後には生徒の下校指導から地域の見回りまでこなすなど、まさに現場の最前線だった。

入学式の当日から、事件が起きた。校舎横の壁には、例年のようにクラスごとに生徒名を記した新しい名簿が張りだされていた。

「先生、名簿がありません」

数人の生徒が、職員室に駆け込んできた。

「何を言っているんだ、校舎の横に張ってあるだろう」

クラス名簿は一時間ほどまえに、学年の教師たちで掲示したばかりだ。現場に駆けつけると、破られた名簿が近くの田畑に点々と散乱し、校舎の壁にはガムテープだけが無惨に残っていた。クラス編成に不満をもつ生徒のしわざであることは容易に察しがついたが、周囲には登校した生徒がつぎつぎと集まってくる。すぐに田畑から名簿を回収し、テープでつぎ合わせて再掲示し、なんとか式にまにあわせた。

体育館に、制服姿の黒ずくめの中学生たちが騒がしく入場してくる。生徒指導の教師が大声で怒りつけ、いっとき静かになる。教頭が式典のあいさつをすませ、君が代と校歌の斉唱と続き、学校長の転入職員紹介となる。わたしは新しく異動してきた十数名の教師たちと壇上に上り、千人以上の中学生に向かって深々と頭を下げた。

つぎは、生徒たちの最大の関心事である学級担任の紹介だ。学校長が担任名の書かれた用紙をふところからうやうやしく取りだした。

「三年二組担任、○○先生。三年三組担任、○○先生」

校長の担任発表のたびに生徒たちから、「あたり、ラッキー」「ゲーッ、最悪、はずれ」といった喚声があがった。生徒指導の教師が何度も「静かにしろ」と呼びかけるが、生徒の声にかき消された。

ここでは、毎日のように事件があった。授業中に突然、火災報知器が鳴りだしたり、わけのわからない校内放送が大音響で流れたりした。いじめやケンカ、対教師暴力、器物破損、授業妨害は日常茶飯事。酒を飲んで登校した生徒が金属バットで教室の窓ガラスをたたき割り、飛び散ったガラス片がそばで学習していた女子生徒の手首に突き刺さって一面血だらけになったこともあった。毎日のようにパトカーが学校の周辺をパトロールし、警察官が学校にたち寄った。

ケンカを止めようとして生徒に押し倒され骨を折った教師。注意のしかたが気に入らないと生徒に罵声を浴びせられ土下座した教師。わたし自身も、授業中にバイクで学校に乗り込んだ卒業生を制止しようとして、廊下でひかれかけた。

各クラスには、数人の「要援助生徒」(通称ワル)といわれた生徒がいた。かれらは一対一で話すと冗談を言ったりもし、表情にあどけなさを感じたが、集団になると肩をいからせ教師たちをにらみつけ、ときには教師に暴力をふるった。そのたびに家庭訪問をくりかえし、帰宅は連日深夜におよんだ。

こうした環境は、教師の人格まで大きく変えてしまう。かつては温厚との評判のあった教師が、目をつり上がらせて大声で生徒をしかっている場面に数多く遭遇した。肉体的にも精神的にも疲れきり、毎年、志半ばで職場を去っていく教師や休職する教師が何人かいた。

わたしはワルたちと七年間追いかけっこをくりかえしたのち、そこから約二キロメートル離れた市内のA中学校に異動となった。

一九九四年、忘れられない出来事

A中学校は生徒数・約六百名の中規模校。部活動が活発で、どの教師も土日返上で生徒たちと汗を流していた。わたしの校務分掌は、学級担任、生徒指導、バレー部の顧問だった。

異動した一年目はだれもが、生徒や同僚との新しい人間関係、その学校の指導方針などに慣れるまで苦労する。公教育だからどの学校も同じ指導だと思われるが、じっさいは学校ごとに異なる。

前任校ではクラスで問題が起きると担任はすぐに学級会を開き、生徒どうしで自己批判と相互批判をした。生徒が泣いて反省するまで延々と話し合う担任もいた。A中学校でも学級会がもたれたが、部活動の時間になると切りあげて部活に向かった。わたしは、同じ市内の学校でこうも違うのかと驚いた。

同校勤務二年目の一九九四年四月、子どもを基本的人権をもつひとりの人間として認め、社会の一員として扱われるべきとした「子どもの権利条約」が批准された。「子ども参加」と「子どもの意見表明権」が条約の柱だった。

鳴りもの入りで登場した同条約であったが、学校の反応は冷ややかだった。子ども参加といっても、どの学校でも中学生たちはすでに学級会活動や生徒会活動、部活動にほぼ全員が参加していた。A中学校でも、生徒会選挙にあたり選挙管理委員会を立ち上げ、マニュフェストづくりや立ち会い演説会、選挙ポスターづくりなど大人顔負けの活動をおこなっていた。また、子どもの意見表明権についても、行事や組織づくりなどの機会をとおして、日常的に生徒の意見をとりあげている。わたしにはこれ以上、何を立ち上げ、何をさせればいいのかわからなかった。

ある教師が学級会で子どもに自由に意見を言わせたところ、「学校にゲームを持ってきたい」「宿題をなくしてほしい」などと収拾がつかなくなってしまった。子どもの権利条約の影響は、「自分のこともまともにできないのに、権利だけ主張しても通らない」という声に押されて、現場ではしぼんでいった。

同年、十一月二十七日に、教育界を揺るがす大きな事件が起きた。愛知県西尾市の東部中二年生の大河内清輝くん(当時十三歳)が、自宅裏の柿の木で首を吊って自殺したのだ。葬式後に遺書が見つかり、同級生らのいじめによる自殺とわかった。

清輝くんといじめた生徒は、小学校六年生のときからの釣りやゲームの仲間だったという。清輝くんはその同級生から万単位のお金を要求され、毎日のように殴られ、無理やり川に顔を押しつけられて窒息しかけたという。いじめた生徒は、「お金をとっているうちに感覚がまひしてためらいが消えた」と語ったが、その残忍さから、いじめは社会問題になった。

A中学校でも、いじめにかんする資料や、校長会や教育委員会などからの通知が毎日のように配布され、職員室の机に山積みされた。緊急の全校集会や学年集会が開かれ、校長は「生命がいかにたいせつか」「いじめは人間としてぜったいに許されない行為である」などと訴えた。学級会や道徳の授業でも、「生命尊重」や「思いやり」がとりあげられた。職員室で「いじめ」と耳にするとだれもがパッとふり向くほどに、学校全体が緊張した異様な雰囲気となった。

しかし、わたしにはのどにつかえるものがあった。清輝くんが女子の悪口を言ったとき、担任は清輝くんに「もし命令されたなら言ってほしい」と尋ねたが、清輝くんは何も答えなかったという。養護教諭に左頬《ほお》のあざについて尋ねられたとき、清輝くんは「走ってぶつかった」と言い、不審に思ってさらに問いつめると、「走って防火扉にぶつかった」と答えたという。（西尾市立東部中発表の「行動記録」より。）

もし、これらが事実ならば、教師はどうすればよかったのか。もっと粘り強く追及すればよかったのか、清輝くんの発言は信用できないと突っぱねればよかったのか。東部中の教師たちはまるで金縛りにでもあったように強く踏み込めなかったが、同じ教職にある身として他人事に思えなかった。

「わたしたちは何もしないでいいの？」

文部省（当時）は、大河内清輝くんの事件にすぐに反応した。いじめを「自分より弱い者に対して一方的に、身体的・心理的な攻撃を継続的に加え、相手が深刻な苦痛を感じているもの」と定義し、各教育委員会や国公私立の小・中・高校にたいして指導態勢の総点検を指示した。

しかし、学校現場では、「自分より弱い者といっても、何を基準に強い弱いを判断するのか」「いじめは被害者と加害者が入れかわることがある」「継続的とはどのていどをいうのか」などと疑問がだされ、混乱が起こった。そのため、「いじめの定義」は幾度も変更された。

さらに文部省は、各教育委員会や国公私立の小・中・高校にたいし、いじめにかんする全国規模の緊急実態調査の実施を指示した。A中学校でも、緊急のいじめアンケート調査が実施された。

当初わたしは、「そんなアンケートなんか、だれも何も書いてこないだろう」「自分はこれだけ必死で動いているのだから、クラスにいじめなどないに決まっている」などとたかをくくっていた。しかし、結果に驚いた。そこには、「〇〇くんに悪口を言われた」「〇〇さんがにらんでくる」などの多くの悩みが綴られていた。

そんなある日、クラスで事件が起きた。友だちどうしのトラブルから、ひとりの女子生徒が保健室に閉じこもってしまったのだ。「自分はこんなにいっしょうけんめいに努力しているのに、どうして」と、落胆と怒りがこみ上げてきた。

鬼のような形相で、「これから保健室へ行ってくる」と生徒に告げて教室を出ようとしたとき、前列の女子生徒が「わたしたちは何もしないでいいの?」とつぶやいた。そのころのわたしは、「クラスで問題が起きるのは担任の指導力に問題がある」「いじめは教師が指導するもの」と信じて疑わなかったから、「おかしなことを言う生徒もいるな」というくらいの感覚で教室を出た。中学生が友だちを心配する気持ちはわかるが、一歩進んで、いっしょにいじめを解決するなどとは思いもしなかった。

そんなときテレビで目にしたのが、アメリカのティーンコート(十代の法廷)だった。十代の中学生・高校生が検察官や弁護人、陪審員となり、同世代のいじめや盗み、器物破損などの比較的軽い犯罪について裁く子ども参加の仕組みである。

その理念は、「大人がきびしい罰則で懲らしめるよりも、子どもどうしで意見を述べあうほうが、より効果的で再起の可能性も大きい」「少年に責任を自覚させ、地域社会や学校にふたたび呼び戻す」との考えによる。

軽犯罪で逮捕された少年犯罪者には、少年審判所で裁判を受けるか、それともティーンコートに出廷するか、選択肢が与えられる。少年審判所は非公開のうえ、簡略な手続きと奉仕活動などの処分ですむが、犯罪記録が残される。一方、ティーンコートは公開の法廷でより重い処分が科せられるが、初犯の場合は犯罪の記録は残されない。行政も司法省を中心に、ティーンコートへの協力、カリキュラムや教材の開発、専門スタッフの学校派遣など、子どもの活動を積極的にあと押ししていた。

アイオワ州の中学校では、いじめや悪口、人を傷つける、ものを壊すなどの規律違反を、生徒が中心となって解決していた。

ティーンコートの実践は衝撃的だった。日本の子ども参加は、学級会や生徒集会で意見するか、いじめ撲滅の決議をあげるていどで、具体的な指導はすべて担任がおこなってきた。わたしの脳裏に、「わたしたちは何もしないでいいの?」と発言した生徒が浮かんだ。

女子生徒は何をしたいと思ったのか。ほかの生徒はどう思っているのか。生徒が自分たちの力で問題を解決する、そんなことがほんとうにできるのだろうか。よしんばティーンコートのように子どもを参加させるとしたら、クラスのだれを裁判員に選び、裁判はいつ、どこで、どのように開廷するのか、どんな罰則を科せばいいのか、など、頭は混乱した。

同僚たちは、「教育に裁判はなじまない」「アメリカの実践であり、日本では無理」などと冷ややかだった。しかしわたしは、なんとかこうした実践を教育活動にとり入れられないか、アメリカでてきるのなら日本でできないはずはない、と強く思い、まずは一度、問題の解決に生徒を参加させてみよう、と決めた。

もちろん、こうした背景には、教師の多忙化もあったし、いじめのような問題は大人の見えないところでおこなわれており、いくら担任が努力しても限界があるという状況もあった。

第三章

奮闘する班長会

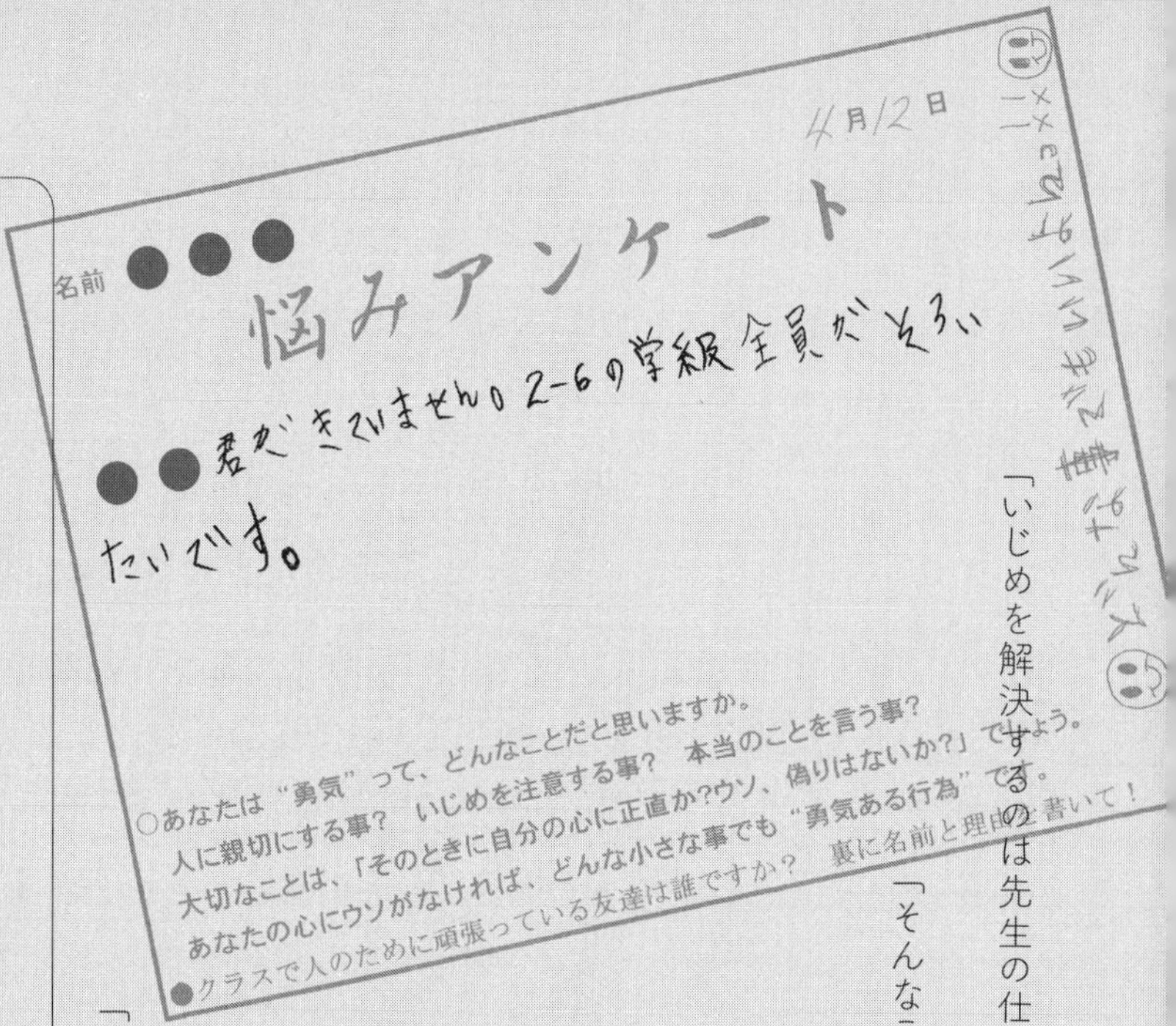

「いじめを解決するのは先生の仕事じゃないの？」

「そんなことしとったら、オレみたいになるぞ！」

「笑いたくて笑ったんじゃない！」

「友だちのつくりかたを教えてください」

「いじめを解決するのは先生の仕事じゃないの？」

子ども参加の仕組みがかたちになり軌道に乗るまでの数年間は、まさに試行錯誤と失敗の連続だった。子どもには可能性があるといっても、かれらに何が、どこまでできるのかは未知数だ。どこから手をつけていいのかまったくの手探り状態で、内心では、きっと生徒は途中で「もういやだ」と投げだすと思っていた。

わたしはまず、担任する中学一年生のクラスの「班長会」に投げかけてみた。班長会とは、リーダーの育成や自治意識の向上を目的とした学級経営の仕組みで、六〜八人の班長と二人の学級委員からなるメンバーが、六か月ごとのクラス選挙で選ばれる。班長たちは、班員をまとめて学習活動や掃除・給食などの常時活動、さらには合唱コンクールなどの行事活動をリードする。わたしの勤務する岐阜県では、山間僻地《へきち》の小さな学校から市内のマンモス校まで、ほとんどの教師が班長会を採用していた。

放課後の教室、わたしは班長たちを集め、「これから、いじめやクラスで起きた問題は、班長会が中心になって、自分たちで解決することにしたら？」と提案した。

だが、かれらの反応は鈍かった。「子どもがそんなことしていいの？」「いじめを解決するのは先生の仕事じゃないの？」と、提案に異を唱えたのだ。「おもしろそう」と興味を示す生徒もひとりふたりいたが、ほぼ全員が、驚きやとまどいをごちゃ混ぜにしたような複雑な表情でわたしを見返した。

わたしは引くに引けず、「何を言ってるんだ。もう中学生なんだから、自分たちのことは自分で解決しろよ」と押しきった。

このときは反対されたと思ったが、後日あらためて、同校の生徒（一年生百十八名、二年生百十五名、三年生百七名、計三百四十名）を対象に、「だれが、いじめを解決したらよいか」とアンケートをとることにした。

結果、比較的軽い悪口やふざけなどのいじめは、「生徒と先生がいっしょに解決」が六四%、「生徒と先生と親」が一四%で、悪質ないやがらせや暴力などについては、「生徒と先生がいっしょに解決」が一一%、「生徒と先生と親」が六九%だった。八割近い生徒が、参加を望んでいることがわかったのだ。

いつ・だれが・どこで・どのように・何をした

活動のスタートは、わたしと班長たちとの二人三脚だった。手はじめとして、クラス員にたいして、学校とは別に独自のアンケートをとることにした。アンケートの名称はクラス員から応募し、「悩みアンケート」と命名した。

一回目の悩みアンケートは、ザラ紙をハサミで適当な大きさに切っただけの不ぞろいのものだった。班長会の代表が、「何か悩んでいること、困っていること、どんなことでもいいからここに書いてください」とホームルームで呼びかけ、クラス員に配布した。

クラス員からは、「どんなことでもいいの?」「クラスのことだけ?」「書いてどうなるの?」などの声が返ってきた。

回収された悩みアンケートには、「私のかばんをおく所にボールを入れる人がいる。そのせいで私のスカートがどろだらけになる」「〇〇くんに『ぶりっ子』と言われる」「〇〇さんに好きな子の名前を教えてと言われ、『ぜったいに言わんといてね』と約束して教えたらみんなに言われた」「わたしが男子と話していたら、変なうわさをたててくる」「〇〇さんがテストの点数を自慢する」「〇〇くんが、先生がいないと掃除をサボっている」など、日常生活の悩みが中学生らしいリアルな表現で綴られていた。楽しそうに生活していると思っていた生徒たちが、わたしの知らないところで数多くの問題を抱え、だれにも相談できずにひとりで悩み苦しんでいることを知った。

しかし、「悪口を言われた」「いじめられた」といった情報だけでは、なんのことかわからない。さらにくわしい情報が必要だ。そのために「いつ・だれが・どこで・どのように・何をした」「そのときの気持ち」「現在の気持ち」など調査項目を決め、男子の相談者には男子の調査員が、女子の相談者には女子の調査員がふたり一組となって、調査に向かうことになった。

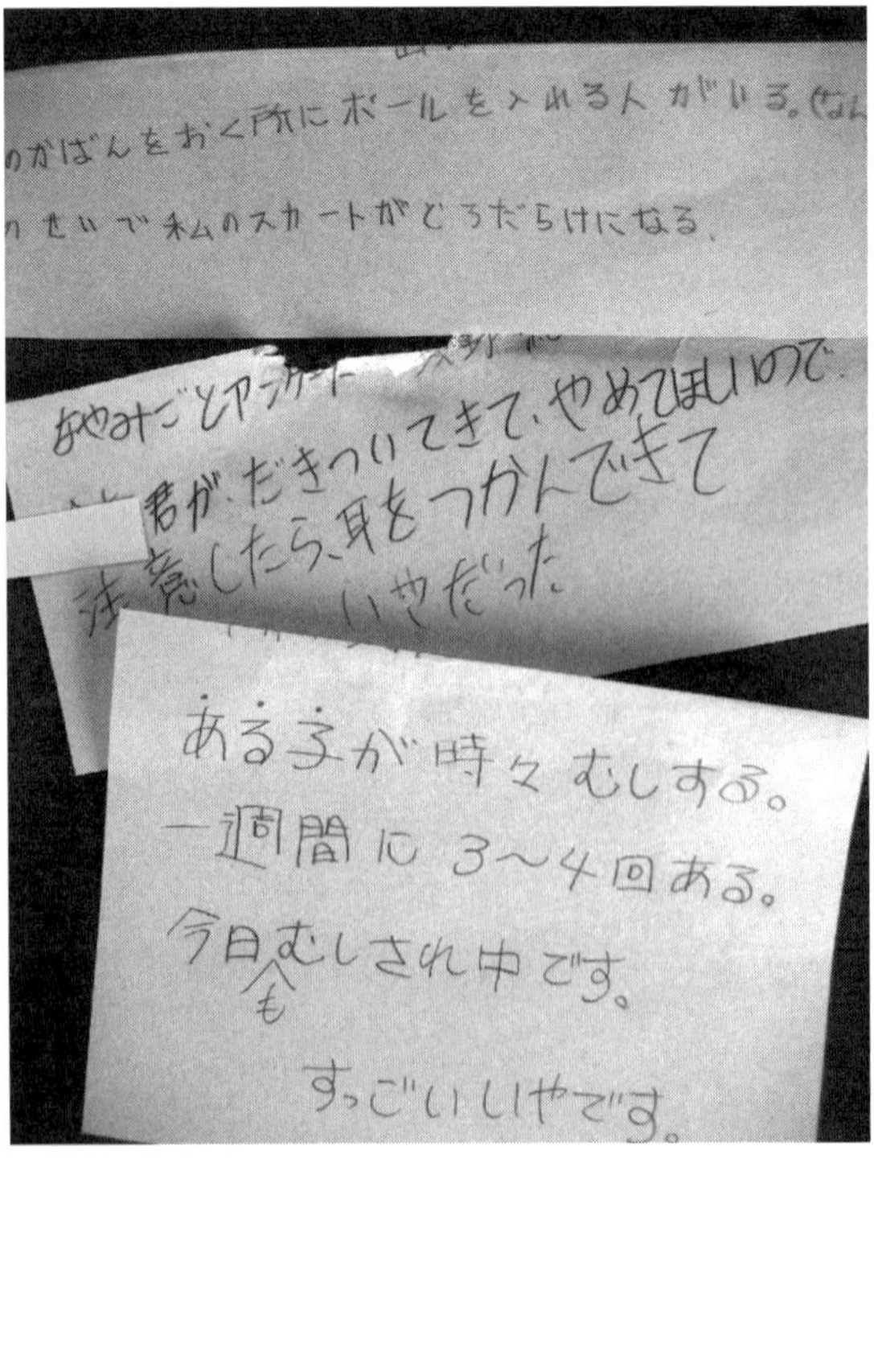

ザラ紙をハサミで適当な大きさに切っただけの、最初の「悩みアンケート」

調査結果はじつに興味深いものだった。相談者の悩みにたいし、相手の子からは、「いったいなんのこと」とキョトンとした返事が返ってきたのである。つまり、「無視された」という相談が誤解や勘ちがいだったり、「悪口を言われている」という相談が、その子の一方的な思い込みだったりしたケースが数多くあったのだ。なかには、「ぼくはそんなつもりで言ったんじゃない」と、誤解を解くために自分から相手に話しにいく生徒もいた。

しかし、深刻な問題も発見できた。そうした問題には、相談者と相手の子を班長会に呼んで、話し合いをもった。

「七〇％ぐらいはわたしが悪い」

話し合いは、放課後の教室を利用した。参加者は、相談者と相手の子、八人の班長、それにわたしの十一人で、車座になってスタートした。

進行手順は、はじめのあいさつ、担任の話、相談内容の確認、質問と意見、なかなおり、終わりのあいさつ、といったかんたんなもので、第一回目の司会進行はわたしがおこなったが、二回目からは生徒にバトンタッチした。

生徒の司会は、進行手順を書いたメモを見ながらのたどたどしいものだったが、会を重ねるごとに、メモも見ずに落ち着いた口調でできるように変わっていった。話し合いがすむと反省会をもち、進行手順や方法についてすこしずつ見直しや改善をしていった。

たとえば、「いじめっ子がうそを言うかもしれない」「話し合いのとき、はじめに先生に話されると、生徒は話しづらい」「質問と意見がごちゃごちゃ」などの意見がでた。

そこで、話し合いのまえに相談者と相手の子は、「わたしはけっしてうそは言いません。勇気をだしてほんとうのことを言います」と宣誓することにした。教師の意見は生徒の意見のあとにまわし、生徒が教師の顔色を見ないで発言できるよう、すこし離れた場所にわたしの席を移動した。

手順で「質疑応答」と「意見」をきちんと分けるようになったのは、つぎのような事件が起きてからだ。悩みアンケートに谷口さんという女子生徒（当時十三歳）から、「子安さんがにらんでくる」と相談が寄せられ、さっそくふたりを班長会に呼んで話し合った。

ふたりは小学校からのなかよしで、休み時間などは楽しくおしゃべりをしている。それがある日を境に、子安さんが無視したり、にらみつけたりするようになった。谷口さんは、まったく心当たりがないという。

話し合いで班長たちは、子安さんに「どうして、そんなことをするのか」と問いただした。ある正義感の強い班長は、「それっていじめだよ。謝れよ」とつめより、谷口さんも「謝ってほしい」と口にした。しかし、泣きながら子安さんが語った理由に、だれもが沈黙した。

「このまえの定期テストで、わたしは平均点以上を目標に、夜遅くまでがんばった。結果は平均点より上の点数がとれ、とてもうれしかった。でも、となりにいた谷口さんは、わたしよりも点数が上だったにもかかわらず、『こんな点数、最低。親に見せられない。しかられる』と答案をクシャクシャにまるめた。わたしはそれを見て、バカにされた気がして、無視するようになりました」

どんな子どもにも、それなりの言い分がある。理由も聞かずに、「いじめは悪い」「いじめはぜったいに許せない」などと決めつけるのは危険だと反省した出来事だった。この一件から、「質疑応答」と「意見」はきちんと分けることになった。

話し合いで生徒の見せた姿は、わたしの思い描いていた生徒像とは違っていた。教室でめだつことのなかった生徒がじつは陰のボスだったこと、どの教師からも「いい子」と評価されていた生徒が同級生から「うそつき」といやがられていたこと、おとなしいと見えた生徒がいちばんのおしゃべりだったこと……。

また、いじめの判断についても、生徒の判断はまちまちだった。多くのケースで生徒たちは、「どっちもどっち」「おたがいに半分ずつ悪いと思う」などと回答した。友だちに悪口をくりかえした生徒は、「わたしは相手の子に小さいころよく悪口を言われた覚えがあります。すごくいやな気分でした。それが中学生になって、仕返しみたいな感じで悪口になったと思います。だから相手も悪いと思います。でも、七〇%ぐらいはやはりわたしが悪いかもしれない」と反省した。

「班長と先生がどこかでヒソヒソやっている」

仕組みづくりで腐心したのが、個人のプライバシーの問題だった。

ある男子生徒から、「アンケートに悩みを書くのはいいけど、ほかの人に知られてしまわないか心配」という意見がだされた。

もっともな意見だ。そこで、班長会に「やる気と熱意をもつ」「個人の秘密を守る」「きちんとまじめにやる」などの服務規程を設け、クラス員の四分の三以上の不信任で班長を罷免《ひめん》することにした

（幸いなことにこの規程は、一度も実行されなかった）。

また、調査のさいに、「ここで調査したことは、あなたの了解なしに、ほかの人にはぜったいに話しません」と約束する、プライバシーの保護の項目を加えた。

ある女子生徒から、「わたしは班長たちが話し合いをするのはいいと思うけど、何をやっているのかわからない。とても気になる」と意見があった。クラス員からも「班長と先生がどこかでヒソヒソとやっていて、自分のことではないかと不安になる」などの意見がでた。これはわたしにとって驚きであった。

これまでわたしは問題が起きたら、「○○くん、来て」と当然のように班長を呼び出してきたが、生徒は不安がっていたのだ。こうした意見から、クラス員の班長会へのオブザーバー参加を認め、さらに、話し合いの内容をクラス員に公開することにした。

内容の公開については、つぎのようないきさつがあった。ある相談の話し合いが無事にすんで解散となったとき、何人かの生徒が、「先生、きょうのこと、いつまで秘密にするんですか。心配している友だちに話してはダメなの？」と質問してきた。

いじめなどの問題は、いくら隠そうとしても無理だ。学級には何十人の目があり、学校には何百人の目が光っている。正しい情報が知らされないと、「あの子はいじめられている」「○○くんはいじめっ子だ」などと、うわさがどんどん広がっていく。しだいに尾ヒレがついて、事実とは異なることがまことしやかにささやかれるようになる。そうしたデマや風評を防ぐには、正しい情報をいち早く公開することだ。しかし、ことは個人情報でもある。生徒たちはどう考えているのだろう。班長会の話し合いで返ってきた答えは、意外なものだった。

あるいじめっ子は、「もうきちんと謝ってなかなおりしたのだから、みんなに知らせてほしい。そのほうが、自分もいじめをやめられる」と答え、ほかの生徒も、「もうすこし落ち着いたら知らせてほしい」「心配している友だちに知らせてほしい」「名前を伏せて公開しては?」「自分で言う」などと口にした。いじめた子、いじめられた子を問わず公開を希望し、「班長会の話し合いの結果をクラス員に知らせてもいいですか」という情報公開の項目が加えられたのだ。

つぎに紹介するのは、班長会が軌道に乗ったころの実践である。

「馬糞ちゃん」と呼ばれた女の子

福井タカシ(当時十三歳)は、中学一年生の男の子。すこし小柄の坊主頭、成績は中の上、体を動かすことが大好きでサッカー部に所属、将来はJリーグ選手をめざしている。

以前のタカシは、「いくら学級会で話し合っても、いじめはぜったいになくならない」「いじめは大人が解決すればいい」と思っていた。それでいて教師に注意されると、「いつもぼくだけしかられる」と反発していたという。

タカシの小学校の担任は、クラスで問題が起きると、すぐに学級会を開いた。タカシはそれがいやでしかたなかった。なぜなら人に知られたくないことが、すぐに同級生に知れわたってしまうからだ。一度、タカシは友だちとケンカをして、学級のみんなの前で謝罪させられたことがあった。「そりゃ、ぼくもすこしは悪いところもあるけど、なにもみんなの前で注意することないだろう」と担任を恨んだ。

中学校に入学して新しい仕組みの話を聞いても、「子どもがいじめを解決するなんて、無理に決まっている」と思ったという。タカシが友だちともめごとを起こしたとき、班長たちが調査にきたことがある。

「きょうはケンカのことで聞きにきました。正直に話してください。言いたくないことは無理に言わなくていいです。ここで話したことは、タカシくんの了解なしに、ほかの人にはぜったいに話しません。秘密は守ります」

話し合いが開かれ、ケンカは無事に解決した。そのときの心境をタカシは、「自分が問題を起こしたとき、先生に意見を言うよりも、友だちに言うほうが、意見や言い分を素直に話せます。友だちのほうが話しやすいし、班長の子が同じような悩みでいたりすると、自分の気持ちをよく理解してくれます」と語った。タカシは、班長に立候補した。


八木奈々（当時十三歳）は、人見知りで内気な性格、同級生のあいだでは「無口な子」でとおっていたが、家では「うるさい子」と注意されるほどの話し好き。でも小学校からの連絡簿には、「内気ではずかしがりや、学校を休みがちで六年生の一学期は学校を休む」と記されていた。

奈々は、小学校時代に友だちから「馬糞ちゃん」とあだ名されていたことを教えてくれた。本人も、いつからそんなふうに呼ばれたのか覚えていないという。もちろん奈々は馬糞が、馬の糞であることを知っていた。でも、友だちから「馬糞ちゃん」と呼ばれるといっしょに笑っていたという。

入学式から二か月が過ぎようとしていた六月、奈々は「悩みアンケート」を書くと、翌日から学校を欠席してしまった。

「わたしは最近いやなことがあって、体の具合が悪いです。めまいや吐き気があったり、胸のあたりがしめつけられるように痛くなったりして、とても苦しいです。家ではたいしたことないのに、学校へ行くと苦しくなります。わたしは学校が好きです。そして友だちも大好きです。でも、五月ごろから中島くんが、わたしが何もしていないのに一方的にことばの暴力でひどいことを言うようになりました。それも毎日毎時間です。わたしが『やめて』といくら頼んでもやめようとしません。わたしはそれがいやでいやでたまらなくて、どうしたらいいのかわからなくなって、そのうち体の具合も悪くなりました。わたしは中島くんに言いたい。人を傷つけるのはやめてほしい。もうわたしにいじわるするのはやめてほしい」

班長会はくわしい調査のために、奈々の家を訪問した。このときのようすを奈々の母親は、「娘が学校を休んだときに、クラスの子が家にきて娘を励ましてくださいました。娘がまた学校に行かなくなるのかと心配で、夜も眠れませんでした。ありがとうございます」と語った。

三日後、放課後の特別教室で話し合いがもたれた。参加者は、奈々、中島くん、タカシたち班長、担任の計九人。ロの字に机が配置された。中島くんは、天井を見上げてアクビをしたり、キョロキョロとあたりを見回したりしていた。

しばらくして、奈々が女子の班長につき添われて入室した。中島くんがキッとにらむと、奈々はヘビににらまれたカエルのように固まったまま、席に着いた。

あいさつのあと、司会者が「これから班長会をはじめます。きょうは奈々さんの相談について話し合います。どうしたら悩みが解決できるか、みんなで考えてください」と会の目的を告げた。

奈々と中島くんが、「わたしはうそを言いません。勇気をだしてほんとうのことを言います」と宣誓したあと、質疑応答がスタートした。班長たちの手がいっせいに挙がった。

「中島くんは奈々さんに、なぜバカとかのろまと言ったのですか」

「ほんとうにそんなこと言ったの？　何回言ったの」

「奈々さんが『もうやめて』と言っているのに、どうして中島くんはやめないの」

中島くんは「一度かな、二度かな」「そんなに大声で言っていない」などととぼけていたが、しだいにことばにつまるようになった。

質問がでつくすと、つぎに班長がひとりずつ意見を述べた。班長の多くが「奈々さんがかわいそう」「中島くんはきちんと謝るべき」などと意見を述べたが、タカシは違っていた。

「ぼくは奈々さんもすこし反省すべきだと思う。奈々さんは、だれかに何かちょっと言われただけで、すぐに黙り込んだり泣いたりする。泣くと何も言えなくなる。そこは直したほうがいい」

奈々はタカシをチラリと見た。司会者が「みんなの意見を聞いて、ふたりは意見を言ってください」と告げた。はじめに中島くんが立ちあがり、「ぼくが悪かったと思います。こんなに奈々さんが苦しんでいるなんて、きょうはじめてわかりました。きちんと謝りたいです」と意見を述べた。

つぎに奈々が、ハンケチで流れる涙を押さえながら起立した。両脇の班長が「ガンバレ、ガンバレ」と小声で励ました。

「もう、いやなことを言うのは、やめてください！」

それは廊下まで聞こえるような大きな声だった。一瞬、何が起きたのかと、だれもが呆気にとられた。こんなにも大きな奈々の声を耳にしたのは、はじめてだったのだ。パチパチと拍手がわき起こった。

最後にわたしが意見を述べて、司会者はふたりになかなおりを求めた。中島くんは奈々の前に進みでて、「ごめんなさい。もう悪口を言ったりいやなことをしたりしません」と深々と頭を下げた。奈々はしゃくり上げながらコックリとうなずいた。ふたたび拍手。その後、司会者が閉会のあいさつをした。

中島くんはつぎのように反省した。

「奈々さんのことで呼び出されたときはすごくムカついたけど、奈々さんの話を聞いて、悪いことをしてしまったなあと反省した。すぐになかなおりできたのでよかった。もう悪いことはやめようと思う」

奈々は、話し合いの感想を作文に書いた。

「班長会の話し合いで中島くんはとても反省して、わたしに謝ってくれました。心のなかがなんだかスーッとしました。問題が解決してから、わたしはとても元気になりました。不思議なことに胸の痛みや吐き気もすっかりなくなって、いまは気分爽快です。わたしはこんどのことでとてもよい勉強をしました。すこしきついことを言われたぐらいで、傷ついてはダメだと思いました。もっと心を強くもって、そんなことぐらいははね返せる人間になりたいです」

奈々は別人のように変わった。欠席はなくなり、給食委員に立候補した。わたしは学期末の保護者向けの教育通信に、「奈々さんは、明るく活発で何事にも進んで取り組みました。給食委員会では、配膳やあと始末など積極的に活動して全校表彰を受けました」と記した。

トラブルメーカー、吉井くん

どのクラスにも、なぜかどうしても気になる子どもがいる。かれらの言動は、ときにクラスを盛り上げたり、混乱させたりする。まさに、毒にも薬にもなる存在である。当時、吉井くんはそうした生徒のひとりだった。

坊主頭の吉井くん（当時十三歳）は、すこし短気な面があるが、ジョークやものまねで人を笑わすのが大の得意。三人兄弟の末っ子で甘えん坊、怒られるとすぐにすねる。ツッパリ生徒にあこがれて学生服のボタンを外したり、肩をいからせて廊下を得意気に闊歩《かっぽ》したりしていた。勉強は苦手だが、スポーツは大好き。お父さんは野球少年団のコーチで、お母さんはマネージャーをしていた。吉井くんも少年団のピッチャーで活躍し、中学校では迷わず野球部に入った。

そんな吉井くんは班長会に呼ばれる常連で、何回も「ごめんなさい」と反省をくりかえしては、またすぐに顔を出すのである。

忘れられない出来事がある。「吉井くんが友だちと掃除をサボっている」「吉井くんがホウキをバットに遊んでいる」と悩みアンケートが出された。

その日の放課後、吉井くんは、いっしょに掃除をサボった友だちと班長会の会場である美術室にやってきた。班長たちは吉井くんたちに反省を迫ったが、「やりたくない、メンドクサイ」でとりつく島もない。

そのとき突然、となりの準備室のドアが開き、頭を金髪に染めた加藤くんが登場した。中学三年生の加藤くんは、教師たちも手を焼くツッパリ生徒。金髪に学ラン姿で学校をわがもの顔で闊歩している。授業や掃除を抜けだしては、美術準備室を訪問し、彫刻刀や金づちで工作していく。

「先生、オレにも言わせてくれ」

彼はふたりに向かって、有無を言わさずまくしたてた。

「あのな、オレも大きなことは言えんが、決められたことは守らなあかんぞ。勝手に掃除をサボったら、みんなが迷惑するやろ、違うか。自分が使った教室は自分できれいにしなあかん。おまえら、そんなことしとったら、オレみたいになるぞ！」

それまで班長たちの話に耳を貸さなかった吉井くんたちが、このツッパリ生徒の大演説（？）に真顔で「はい、はい。わかりました」と即答したのである。加藤くんは演説をすませると、「先生、どうも」と、なにごともなかったかのように教室から消えていった。

その後、吉井くんたちは掃除をサボらなくなった。その理由を吉井くんに尋ねると、「あこがれの先輩には逆らえない」と神妙な面持ちで答えた。おもしろいことに、それ以来、加藤くんも美術準備室を訪れなくなった。

この吉井くんが、「保護者の参加」という仕組みづくりに功績を残すことになる。

その日、複数の男子生徒から匿名の悩みアンケートがあった。

「吉井くんが『おはよー』と言って、何度も頭をたたいてきます。『痛いからやめて』と言っても、笑ってやめません」

「吉井くんは突然、廊下で人の肩にもたれかかってキスをしてくる。やめてと言ってもやめない」

吉井くんへの調査からはじめることになったが、ここで問題が起きた。だれもが、「調査はいやだ」とソッポを向いたのだ。

「吉井くんは『やっていない』とか『冗談、冗談』とか言うに決まってる。そう言っては、いろいろな子をたたいて笑っている」「吉井くんがマンガを貸してと言ったとき、いま読んでいるからダメと言ったら、ケチと言ってたたかれた」「吉井くんは小学校で一度、担任の先生にきびしく注意された。それから『先生に告げ口したら殴るぞ』とみんなを脅していた。中学校でも、先生に言ったら殴ると脅している」と、だれもが不満を口にした。

この問題には、保護者の参加が必要だ――わたしはそう考え、吉井くんの保護者に班長会の話し合いへの参加をお願いした。

その日の班長会の話し合いの参加者は、吉井くん、勇気をだして暴力を訴えた三人の男子生徒、班長、わたし、そして吉井くんの母親だった。

冒頭、母親は「みなさん、こんにちは。吉井の母親です。きょうは学校のようすをうかがいにお邪魔しました。よろしくお願いします」とあいさつし、教室の隅のイスにちょこんと腰をかけた。質疑応答は、緊張した雰囲気となった。

「吉井くんは、どうしてすぐにたたいたりするのですか」

「冗談、冗談、軽くさわっただけ」

「人の肩にもたれてきたり、顔をなめたりするのは、どうしてですか」

「……べつに」

「はっきり言ってよ」

「言ってもしかたない」

「マンガを貸すことを断っただけでたたいたのは、どうしてですか」

「いやだと言われ、ムカついた。でも、軽くさわっただけ」

「違う、パチンと音がしたし、手のあとが赤く残った」

「たたかれて、痛くて泣いていた子もいた。連続十回以上もたたかれた子もいる。冗談ではすまされない」

「でも、みんなも笑っていたじゃん」

吉井くんに反省の色はみられない。

「笑いたくて笑ったんじゃない！」

ある男子生徒の真剣な受け答えに、班長の井沢ヒロシはハッとしたという。ヒロシは班長に立候補した理由をつぎのように語っていた。

「人権とか権利とか、口ではかんたんに言えるけど、守ることはかんたんではないと思います。クラスでもおもてでは先生の言うことを守ってしっかりと授業を受けていても、先生のいないところでは人を侮辱している人がいます。こうしたことも話し合いたい」

かつてヒロシも吉井くんに、「おはよー」とすれちがいざまに背中を思いっきりたたかれたことがあった。バシリと音がしたのに、なぜか笑ってしまった。思い出すと、どうして「やめろ」と言えなかったのかと情けなかった。「ぼくだって、笑いたくて笑ったんじゃない」と思ったという。質疑応答は続いた。

「吉井くんは『先生に言ったら殴る』と言ったけど、ほんとうですか。どうしてそんなことを言ったのですか」

「……先生に怒られるのが怖かった。それに……」

「それに、なんですか。はっきり言ってよ」

「先生に知られると、家に連絡される……」

吉井くんは、母親をチラリと見た。質疑応答に続き班長たちが意見を述べると、吉井くんは「ゴメン」と小声でつぶやいた。

「いくらここでゴメンと謝っても、吉井くんは先生のいないところできっと仕返しにくるに決まっている。信用できない」と男子生徒が突っぱねた。そのとき、母親が「ごめんなさい、いいですか」と発言を求めた。

「みなさん、ほんとうにごめんなさい。謝ってすむことじゃないけど、ほんとうにごめんなさい。みなさんの心配はもっともです。きょう、家族でどうするか話し合います。ほんとうに許してください……」

母親は目を真っ赤にして、涙声で何度も「ごめんなさい」と頭を下げた。結局、吉井くんのことはお母さんにお任せすることになり、その日の話し合いは終わった。

翌日、吉井くんが両親につき添われて職員室の戸を開けた。仕事を休んできた父親は、「息子がご迷惑をかけました。わたしたちの教育がなっていませんでした。息子には相手の気持ちを考える子になるよう、つねづね言っていたのに……。先生、子どもさんの前で謝らせてください」と語った。

父親と吉井くんと母親は、クラス員の前に立った。

「みなさん、こんにちは。吉井の父親です。きょうはみんなに謝りにきました。今回はうちの子がほんとうに迷惑をかけました。ごめんなさい。きのう家で、二度と同じ過ちをしないようにきつく注意しました。息子はもう人をたたいたりしないと約束しました。こんど、暴力をふるうようなことがあったら、おじさんに直接連絡してください。お願いします。いつでも飛んで来ますから、かならず連絡してください。こんど手を出したら、もう学校には来させません。こいつも反省していますから、ごめんしてください。ほんとうに許してやってください」

父親は、黒板に連絡先の電話番号を書くと、生徒に向かって深々と頭を下げた。吉井くんも、「もう二度とたたいたりしません。ほんとうにごめんなさい」と神妙な面持ちで頭を下げた。それから、吉井くんの暴力はやんだ。

わたしは親の教育力のすごさをまざまざと思い知らされた。この吉井くんの一件から、保護者の参加がはじまった。

これまで多くの保護者が班長会に参加した。

あるとき、部活で中学二年生の同級生どうしがケンカ沙汰になり、保護者が班長会の話し合いに参加したケースがある。

ことの発端は、バスケットボールの練習中、大石くんが投げたボールが友だちの顔に当たり、ケガをしたことだった。被害を受けた生徒は、大石くんが顔をめがけてわざと強いボールを投げたと主張。

一方で、大石くんは、ちゃんと声をかけながらふだんどおりにボールを投げたと言う。

大石くんの両親はそろって学校にやってきた。玄関でわたしが「こんにちは、ごくろうさまです」とあいさつをしても、父親は「この教師は、何を考えているのか」といったようすでにらみかえしてきた。

教室には、大石くん、ケガをした生徒、班長、バスケット部員、わたし、それに大石くんの両親。父親は腕組みをして教室の隅にどかりと腰を下ろした。生徒たちが萎縮しないかとハラハラしたが、結果は思わぬものであった。

バスケット部員たちは、大石くんの性格や日頃の行動をよく知っていた。

「先週も、ぼくが部活の準備をしていたとき、大石くんはいきなり強いボールをぶつけてきた」

「ぼくは、大石くんに『おい』と呼ばれてふり向いたら、顔にボールを当てられた」

「大石くんは、すこし悪ふざけがすぎる」

「大石くんは、『やめて』と言ってもやめない。すこしも反省しない」

と、大石くんの部活でのようすがあきらかになった。

班長会のあと、父親は「先生、さきほどは失礼しました。学校から呼び出されたときは、正直言ってすこしムッとしました。でも、きょう子どもたちの意見を聞いて、親として反省することがたくさんありました。このような会を開いていただいて、ほんとうにありがとうございました」と深々と頭を下げた。その後、部活から大石くんへの不満の話題は消えた。

「だれか、友だちのつくりかたを教えて！」

あれから吉井くんはというと、マイペースで、野球にだけは熱を入れていた。しかし、なぜ吉井くんは人の肩にもたれかかったり、ほおをなめたりしていたのか。彼は「べつに」などと答えていたが、その理由がわかったのはしばらくしてからだ。

悩みアンケートに、「友だちのつくりかたを教えてください」と相談が寄せられた。なんと相談者は、班長の原田さんだった。班長たちが「これ、何？」と原田さんにつめよったのは、彼女がクラスでいちばんの人気者だったからだ。

「えへへ、それわたし」と原田さんは照れ笑いした。

「え、どうして。原田さんはたくさん友だちいるじゃない」

「いるにはいるんだけど。いつも同じ子ばかりで、どうやって新しい友だちをつくっていいのかわからないの」

班長会は、原田さんの相談を学級会に提案した。その日の学級会のテーマは「友だちのつくりかた」。司会者が、「どのように友だちをつくったらいいのか、どしどし意見を言ってください」とクラス員に呼びかけた。

「あいさつをする」「いっしょに遊ぶ」「声をかける」などの意見がだされたが、「相手の子が無視したらどうするの」「遊ぶのがいやだと言ったらどうする」などの意見もあって、これといった名案は浮かばない。

そのとき、「そんなのかんたんや」と手を挙げたのが吉井くんだった。

吉井くんは立ち上がってツツツと教壇に歩みよると、「こうすればいい」と突然、司会者の肩に手を回して、「ヨウ」と唇をとがらせ顔を近づけたのである。司会者は「ウエー」と顔をのけぞらせたが、吉井くんはかまわず「ヨウ、ヨウ、ヨウ、アソボ」と続けた。司会者は、「ああ、わかったから顔をどけて」と笑って返事をした。

クラス一同大爆笑。が、わたしは、ハッと思った。吉井くんが肩を組んだりほおをなめたりするのは、彼なりの好意の表現だったのではないか、話し合いで彼が「べつに」と答えたのは、「そんなこと説明してもしかたない」の意味だったのではなかったか、と。

原田さんも大笑いしながら、「そうか」と納得顔でうなずいていた。吉井くんは、「どうだ」と言わんばかりに自慢げに席に戻った。

吉井くんは学年の最後に、つぎのような作文を書いた。

「ぼくが班長会でいいと思うことは、みんな素直に反省できることです。ケンカなどした友だちとなかよくしていけるからです。後輩たちにも、班長会をやってほしいと思いました。班長会では、自分の意見もみんなの意見も言えるので、ぜったいに続けていったほうがいいと思います。悪いことをやったほうもちゃんと反省できるので、ぜったいにいいと思います。それに、すぐに怒られる心配もないし、理由やわけを話せるのでいいと思います」

班長のヒロシは、班長会の活動をふりかえった。

「ぼくは、はっきり言うと、子どもたちで話し合うことにあまり賛成ではなかった。それは自分と同じように入学した人に、問題が解決できるのかという考えがあったからです。それに人に話してしまわないかとも思いました。しかし、日がたつにつれ班長たちもリーダーらしくなり、事件も解決しました。話し合いで自分のどこがいけなかったかを整理したり、反省したりできました。クラスの団結力も高まると思います」

班長でもあり、友だちのつくり方について相談した原田さんは、「わたしはクラスの問題を生徒の力で解決することで、クラスの子のひとりひとりの声を聞くことができました。わたしは班長会がとても好きです。もっともっとこれを全国に広めて、自殺する子や悩んでいる子に救いの手をさしのべてあげられるといいなと思います」と語った。

わたしは原田さんたちに、班長会の実践を教育研究会や論文で発表することを約束した。

〝強情な子〟は〝辛抱強い子〟か

保護者にとって、学校の敷居は高い。問題が起きたときに保護者が参加できる仕組みづくりも重要だが、学校の呼びかけに応えるだけでなく、保護者自身が、みずからの意志で参加できる仕組みが必要だろう。そのための判断材料となるのが、「情報」である。

いまの学校は、保護者に日常の子どもの姿をありのままに伝えることのできない仕組みになっている。

かつて文部省（当時）は、「所見は長所をとり上げるのが基本」と学校現場に通知し（一九九一年）、通知表などの所見欄には子どものよいことだけを記入することになった。理由は、教師の所見が「中学生の高校進学などに不利益をおよぼしている」と問題になったことにある。結果、たとえば〝頑固〟は〝粘り強い〟、〝落ち着きがない〟は〝活発〟などと表記するようになり、指導要録にも同様に記載されるようになった（学校教育法施行規則では、学籍にかんする記録は卒業後二十年間保存）。

当時わたしは中学三年生の担任をしていたが、〝すぐに泣く子〟は〝やさしい子〟、〝強情な子〟は〝辛抱強い子〟と表記するよう上司から指導され、とまどった。ある同僚は「授業中に騒ぎたて、迷惑しています」と保護者に連絡したら、「そんなはずはありません。うちの子は小学校からずーっと〝活発で明るい子〟と言われてきました」と言いかえされたという。

通知表は保護者だけでなく生徒も目を通すが、自分が問題行動を起こしてもよい評価しか書かれていなかったら、生徒はどう思うだろうか。何が正しくて何がよくないのか、わからなくなってしまう。

さらに問題がある。ある母親が、「中学生になると、子どもが学校のことを話さなくなった。問題が起きたときだけ連絡するのではなく、もっと日常的に学校のことを知らせてほしい」と語った。たしかに学校は、問題が起きればその日のうちに保護者に電話連絡をしてはいるが、保護者が求めているのは「日常の情報」である。学期末にしか受けとれない通知表の連絡では、問題が風化してしまう。

保護者が知りたいのは、「わが子のいまのようす」だ。

わたしは保護者向けに「連絡ノート」を用意して、月に二回、生徒の生の情報を保護者に発信した。そこには、日常の学校生活についての、担任だけでなくクラス員のコメント、読書感想文や作文なども盛り込んだ。また、班長会の話し合いに参加できなかった保護者には、報告書も添付した。この反響は、予想以上に大きなものだった。以下は、保護者の声である。

○連絡ノートをとおして、学校のなかでの子どもの生活のようす、先生の考え方がわかり、参考になりました。親としてはどうしても成績にこだわりがちです。テレビで中学生の事件が報道されますが、あまり了見の狭い親にはならないよう、親も子どももたがいに意見を聞いて一方的にならないようにしていきたいです。

○あらためて連絡ノートを読みなおし、上の子のときにはぜんぜんわからずに終わってしまったことがほんとうによくわかりました。

○子どもが何を考えているのか。いま、学校で何が起こっているのか。どのように問題を解決していくのかがよくわ

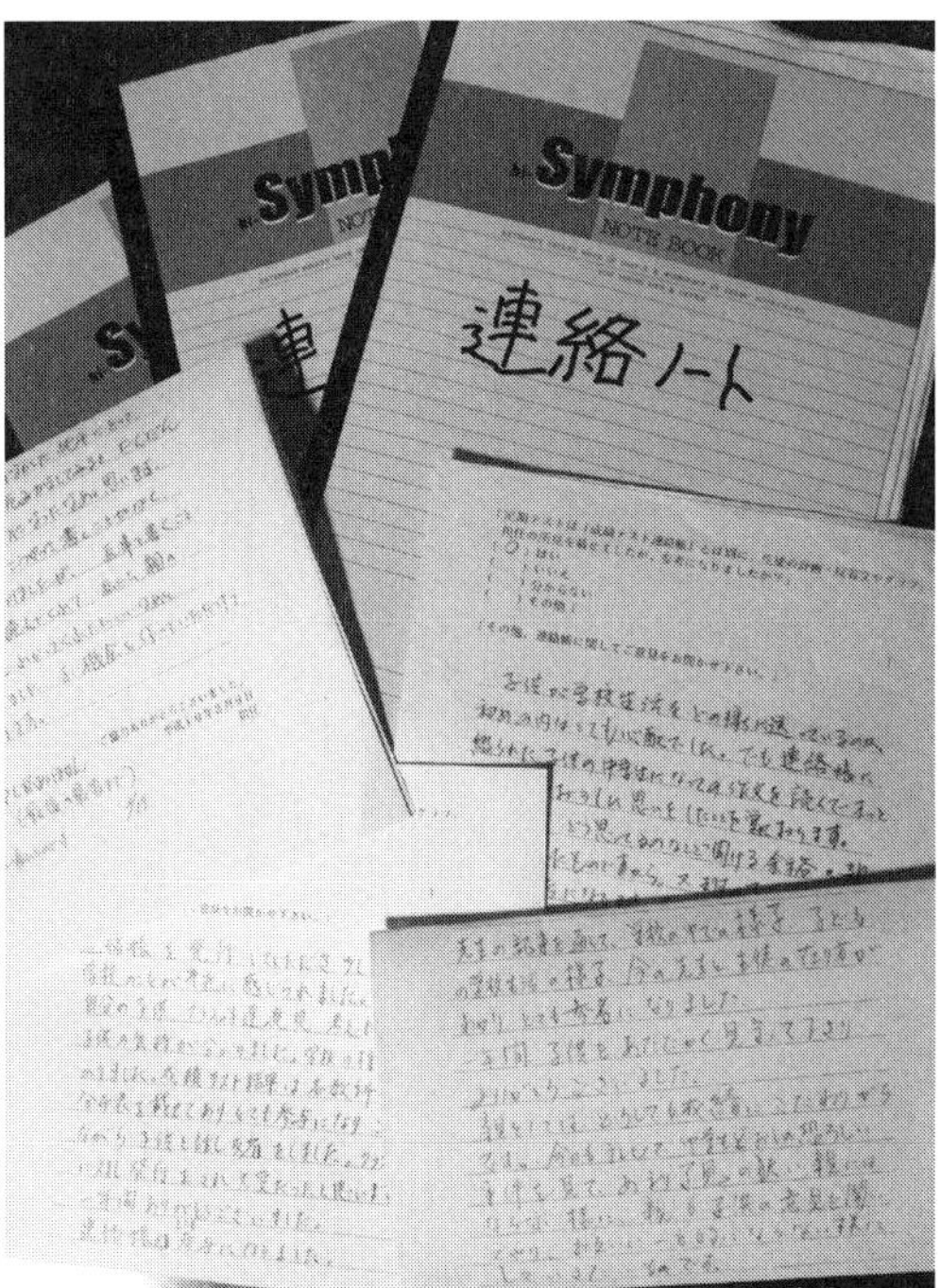

連絡ノートと保護者の感想

かり、家庭では見られない子どものようすがよくわかりました。また、自分の子どもだけでなく、ほかの子どものこともわかり、参考になりました。

○子どもから「はい、連絡ノートけっこうあるよ」と渡されて、最初から読みかえしてみました。連絡ノートがあったおかげで、入学してからいままでのことについて子どもと親子の話し合いができました。とくに、ほかの子どもさんの意見も記載されてあり、あらためて子育てのむずかしさを痛感しました。やはり、子どもの話を最後まで聞いてあげること、かんたんなようでいちばんむずかしいですね。

反省は、夢の力を借りて

仕組みづくりでもっとも悩んだのが、「罰則」についてだった。文科省は、「授業中に教室に立たせる」「立ち歩きの多い子どもはしかって席に着かせる」などの懲戒例を示しているが、それがどれだけ中学生の恨みと反発を買ったかは、経験ずみだ。

また、ある生徒は、「だれかが悪口を言ったとき、先生に『謝りなさい』と言われたけど、心から謝れなくて、また悪口がはじまった」と述べたが、見せしめや脅しなど、なんの意味もない。しかし、相手に迷惑をかけて、ただ「ごめんなさい」だけですませていては、周囲の子どもは納得しないだろう。

仕組みづくりのなかで、罰則作成の糸口となった事件がある。

クラスの女子生徒が、休み時間に隠れてお菓子を食べていた。生徒は「二度とお菓子を持ってきません」と反省したが、同級生たちは「あの子は小学校でも学校にアメやお菓子を持ってきて食べていた」「口では反省しても、また隠れて持ってくる」と冷ややかだった。生徒が自分を見直すためによい方法はないものか、考えてはみたものの妙案は浮かばなかった。

「園長先生に注意してもらえばいいんじゃないの」

ある生徒から貴重な意見と情報がもたらされた。女子生徒は、小さなころにお世話になった保育園の園長先生を尊敬しており、将来は保育園の保母さんになるのが夢だった。

わたしは、「これだ」と直感した。さっそく学校に隣接した保育園を訪ね、園長先生に保育園でのボランティア活動をさせてもらえるようお願いした。女子生徒は、禁止されていたお菓子を食べた反省として、保育園のボランティアに参加したのである。

「保育園はおもしろかったし、いろいろと勉強になりました。わたしは小さい子が好きだし、将来は保母さんになってみたいと思っています。保育園の先生を見ていて、小さい子にはよくできたことはほめてかわいがり、悪いことは悪いと注意することを学びました。ただ甘やかすだけでなく、悪いと言って覚えさせてあげるのはとてもたいへんだけど、たいせつでやりがいのある仕事だということがわかり、ますます保母さんになりたいと思いました。小さい子はとてもかわいく、本を読んであげたり、だっこしてあげるとニコニコと笑ってくれてうれしかったです。時間がたつのが早く感じられて、もっといっしょに遊びたいと思ったほど楽しかったです。とてもいい経験ができたと思います。これからは、決められたことは守りたいです」

違反については、女子生徒は最後にたったひとこと、「決められたことは守りたいです」と作文しただけだが、十分に自己と向きあったことがうかがえる。

社会を見渡せば、じつにユニークな罰則を命じた判決がある。無免許運転で捕まった被告人にたいし、阪神淡路大震災後に神戸の仮設住宅で生活する人びとへのボランティア活動を命じた判決。アメリカでは、退役軍人記念公園の施設を壊した少年にたいし、映画『プライベート・ライアン』の鑑賞を命じた判決などがある。

わたしは、生徒とPTAの保護者代表と三者で、つぎのような罰則を決めた。

○美化コース
○ボランティア・コース
○スタディ・コース
○ヒヤリング・コース
○チルドレン・コース

「美化コース」は教室や学校の美化清掃、「ボランティア・コース」は学校や地域での奉仕活動、「スタディ・コース」は学校の課題図書や推薦図書を読んで感想文を書くもの、「ヒヤリング・コース」は校長やPTAの方との対話、そして「チルドレン・コース」は幼稚園や保育園での園児のお世話、である。「コース」とした理由は、保護者から「罰則」という表現は気になると意見がでたからだ。

「ヒヤリング・コース」を選択した生徒は、校長室で校長先生と給食をとりながら会話をし、「緊張したけれど、いろいろなお話を聞かせていただいてとても勉強になった。こんな機会はもうないだろうが、しっかり生活して新しい自分を見てもらいたい」と感想を述べた。
コース設定には、つぎの条件をつけた。
一、みせしめや屈辱的・懲罰的でないもの。
一、子どもの権利や人権に配慮したもの。
一、子どもの年齢や発達段階に配慮し、子どもがきちんと納得できるもの。
一、保護者や第三者も納得できるもの。
一、作成には、生徒・担任・保護者が参加すること。
条件をつけたのは、掃除をサボった子の対応を学級会で話し合ったことによる。生徒たちは最初、「反省文を書かせる」「罰として放課後にトイレ掃除をさせる」などの意見をだした。しだいに議論はエスカレートしていき、「反省文を十枚にトイレ掃除十日」「もっと、反省文百枚にトイレ掃除一か月。それに運動場を百周走る」など、本気か冗談なのかわからない意見まで飛びだした。これでは、集団によるリンチ（私刑）だ。

コースは、工夫しだいで地域と学校をつなぐ架け橋になる。たとえば、高齢者や独居老人の世話や話し相手のコース、交通安全パトロール・コース、火の用心パトロール・コースなど、地域の実情にあわせていろいろ考えられるだろう。

段階ごとの教師の役割

「子どものケンカに親が出る」と、むかしの人は戒めた。

かつて日本のムラには、子ども参加の仕組みがあった。七歳ごろから十五歳ぐらいまでの子どもは、「子ども組」という小集団を組織して、ムラの祭りなどの行事に参加していた。かれらの活動に大人が干渉することは許されず、ケンカも、大人の手を借りずに子どもたちで解決していた。そんな子どもたちを直接、指導・助言することが許されたのは、村人から許された信頼のおける「年長者」にかぎられていた。

教師は現代版の「年長者」であろう。新しい仕組みにおける教師の役割の場は、話し合いの前・中・後と大きく三つに分けることができる。

まず話し合いのまえには、「相談者のカウンセリング」「相手のカウンセリング」「保護者への連絡」がある。

中学一年生のある女子生徒が、部活の先輩たちに「目つきが悪い」「生意気だ」と呼び出される事件があった。先輩たちをまじえて班長会で話し合うことになり、班長たちは、「先輩の席はどうするか」「先輩にどんな質問をするか」などの対策に大忙しとなった。

いよいよ当日となったが、「先生、女の子が『ひとりにしておいて、だれにも会いたくない』と泣いています。それに、先輩たちが、どうして下級生に呼び出されるのかと怒っています」と班長が告げにきた。班長たちがいくら説得しても、女子生徒はとり乱してとりつく島もない。それに班長たち自身が、先輩の言動に動揺している。

わたしはまず、女子生徒のもとへ走り、「あなたの気持ちはわかるが、それではなんの解決にもならないよ。どうして先輩からそんなことを言われたのか、理由を確かめなくてはいけないよ」と語りかけた。つぎは先輩たちに会い、「しかるつもりで呼んだんじゃない。あの子はどうして先輩に呼び出されたのか、まだよくわかっていない。もう一度、確かめたいだけだよ」と諭し、話し合いを成立させた。話し合いのなかで、女子生徒は視力が低いために目を細めて見る癖があり、それを先輩が、自分をにらめつけたと勘ちがいしたことがわかった。その結果、先輩たちも納得した。

話し合うことが決まっても、子どもの心は揺れている。相談した子は、「ほんとうに解決できるのか」「仕返しされないか」と、不安で食事ものどを通らない。相手の子も、「どうして自分だけ呼ばれるのか」「自分はぜったいに悪くない」と思っている。カウンセリングにより生徒の心を落ち着かせ、問題解決の道筋を示すことは担任の重要な役割だ。

話し合いに保護者の参加を求めることが教師の役割であることは、すでに述べた。だが、すべての保護者がすんなりと参加に応じるわけではない。「どうして親が呼び出されなければならないのか。うちは被害者だ。相手が謝りにくるべきだ」などと言う保護者もいる。教師は保護者と話し合いをもち、参加をうながす。また、仕事や家庭の事情で参加できない保護者には、話し合いの内容を電話や連絡ノートで伝える。

話し合い中については、「ゴールへのナビゲーター」の役割がある。

話し合いがスタートしても、すんなりゴール（なかなおりや謝罪）にたどり着くとはかぎらない。ある女子生徒は、「謝ればいいんでしょう、謝れば。ゴメン」と言って、途中で抜け出してしまった。もちろん班長たちも「落ち着いて」「そんな謝りかたはないよ」と説得するが、ここは教師の出番である。休息時間をとって落ち着かせる、問題点を整理して軌道修正するなど、話し合いをナビするのも教師の重要な役割だ。

ほかにも、いじめっ子ににらまれた相談者が固まってしまったケース、相手の子が逆切れして一触即発になったケース、話があちこちに飛び火して収拾がつかなくなったケースなどがあった。

話し合い後には、「コースの選択」と「アフターケア」がある。

コースは、生徒自身が選択できることは述べた。しかし、一週間も掃除をサボったにもかかわらず、一日ですまそうとするちゃっかり者もいる。教師は生徒がコースの選択をするときに、「たった一日の清掃ではみんなが納得しないよ」などと、過ちにみあった反省をアドバイスする。

話し合いが終了し、やれやれひと安心というわけにはいかない。あとのケア（支援）を怠ったためにふたたびいじめが起き、関係修復に多くの時間とエネルギーが割かれて苦労した苦い経験がある。話し合いのあとも教師は生徒の状況や日常のようすを観察し、一週間に一度、三日に一度などと、定期的に面談をもち、生徒の日常を支援していく。紹介した吉井くんのような生徒の場合、数か月にわたってそれをおこなうこともある。

「そんな子、このクラスにいたっけ？」

「わたし、学校に行きたい」

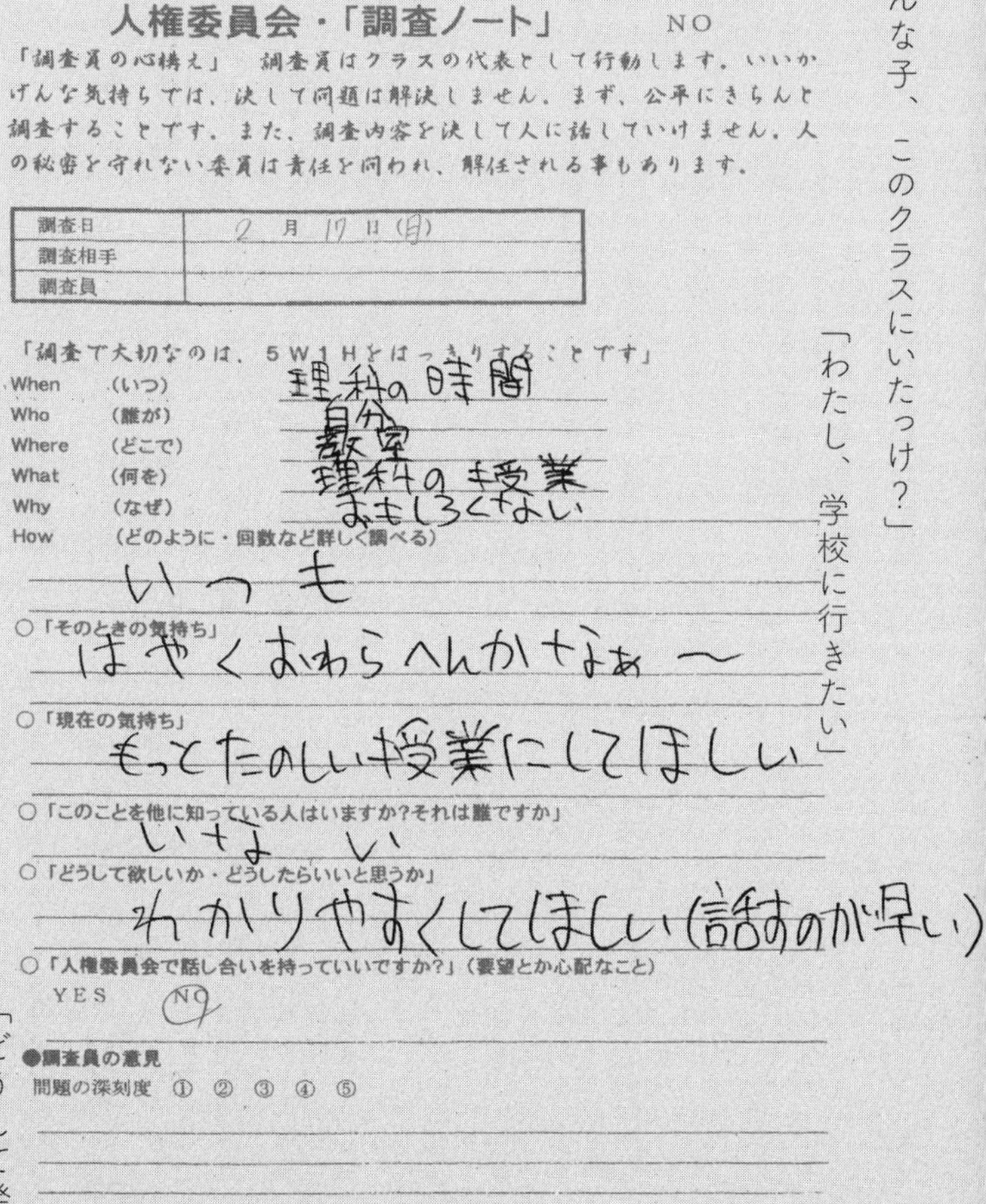

人権委員会・「調査ノート」　NO

「調査員の心構え」　調査員はクラスの代表として行動します。いいかげんな気持ちでは、決して問題は解決しません。まず、公平にきちんと調査することです。また、調査内容を決して人に話していけません。人の秘密を守れない委員は責任を問われ、解任される事もあります。

調査日	2 月 17 日（日）
調査相手	
調査員	

「調査で大切なのは、５Ｗ１Ｈをはっきりすることです」

When　（いつ）　理科の時間

Who　（誰が）　自分

Where　（どこで）　教室

What　（何を）　理科の授業

Why　（なぜ）　おもしろくない

How　（どのように・回数など詳しく調べる）

いつも

○「そのときの気持ち」

はやくおわらへんかなぁ〜

○「現在の気持ち」

もっとたのしい授業にしてほしい

○「このことを他に知っている人はいますか？それは誰ですか」

いない

○「どうして欲しいか・どうしたらいいと思うか」

わかりやすくしてほしい（話すのが早い）

○「人権委員会で話し合いを持っていいですか？」（要望とか心配なこと）

YES　NO

●調査員の意見

問題の深刻度　①　②　③　④　⑤

「どうして発言しなくてはいけないの？」

教育委員会からの呼び出し

悩みアンケートに、「どうして、辞書を学校に置いていってはダメなのか」「毎日使うわけではないし、家にも辞書があるから学校に置いてきたい」という相談があった。

校則によって、教科書や辞書などの学習用具は、かならず持ち帰ることになっていた。しかし、学習用具でいっぱいになった肩掛けカバンの重みで背骨が曲がる症例も報告されており、生徒の言い分は納得できるものだった。

班長たちも同じ意見で、学級会で話し合った結果、「家に同じ辞書がある場合」「その日の家庭学習で辞書を使用しない場合」などの納得できる理由があるならば、辞書を教室のロッカーに置いて帰ってもいいことに決めた。

しかし、職員のあいだで、「あのクラスは校則を守っていない」「担任は生徒の言いなりになっている」などとさざ波が立ちはじめた。ほかのクラスの生徒からも、「わたしたちも同じようにしてほしい」という声がでてきた。

わたしは校長室に呼び出され、「職員は一枚岩でなくてはならない」「あなたは職員のチームワークをどう考えているのか」「勝手な指導は保護者からも不満がでる」ときびしく指導を受けた。

たしかに、校長が職員の和を求めるのは当然で、辞書の件は事前に上司に相談すべきだったかもしれない。しかし以前、職員会議で辞書の扱いについて話し合われたことがあった。背骨が曲がる症例についても報告されたが、校長は、「本校では、わたしはそうした報告を受けていない。校則についての不満を耳にしたことはあるが、どこの学校にもそうした生徒はいる。それはごく一部の生徒であって、ほとんどの生徒はまじめにがんばっている。保護者からも校則についての苦情はあがっていない」と発言。職員からも校則変更について意見はだされず、これまでどおり、辞書をふくめて学習道具はかならず持ち帰ることになった。校則は生徒全体にかかわる問題であるのに、個人的な問題にすりかえるような考え方では、この先もずっと、この校則を変えることはできず、生徒も救われない。そんなことから、いくら校長に再検討を要望しても、却下されるのは目に見えていた。

わたしは、置かれた辞書は見て見ぬふりをして、活動を続けた。ところが、それも知れるところとなり、「問題教師」として、校長とともに教育委員会に呼び出されることになったのだ。

その日、教育長室に入ると、市教委の指導主事、部長、課長が待機し、大きなテーブルの奥には教育長が座っていた。教育長は校長とわたしに、テーブルをはさんで向かいあわせに座るよう命じた。

「平墳《ひらつか》先生、どうして呼び出されたかわかるか」と、教育長が問いただした。

「わかりません」と答えると、校長は上着から黒いノートを取り出し、語りはじめた。

「○月○日、あなたは校長の指導に従わなかった」

「○月○日、あなたは職員会議の決定を無視した」

「○月○日、あなたは生徒をあおった」

まるで、犯罪者の罪状を読み上げるようにまくしたてたのである。教育委員会はわざわざこんなことを注意するために、授業をカットさせてまでわたしを呼んだのかと、くやしさと怒りがこみ上げてきた。

数か月後、突然に校長から人事異動が告げられ、やりきれない気持ちでつぎの中学校へ異動することになった。

校則改正の要望書

新しい中学校で、わたしは一年生の担任となり、ふたたび班長会の活動を開始した。クラスで選ばれた班長たちは、クラス員に悩みアンケートを配布し、調査をおこなった。

すると「どうだろう、ここでも、「辞書や勉強道具を学校に置いていってはいけないのか」という相談がだされたのだ。さらに、「部活で帰宅するころには暗くなって怖い」「自転車通学を許可してほしい」などの悩みも書かれていた。

生徒の相談に、いったいどう対応すればいいのか。校長に相談してもダメ、職員会議もダメ、同僚に相談しても、「まだ、おまえはそんなことを言っているのか」とあしらわれてダメ。八方ふさがりとなったわたしは思案のすえに、弁護士に協力をお願いして教育委員会宛てに要望書を出した。

要望書

一、一律の肩掛け通学カバンではなく、背負い等も含め子どもの健康を考えた通学カバンの使用ができること。

二、実情に合わせ自転車通学の許可範囲を緩和されること。

三、これらの問題を解決するために、教職員、父母、子どもの各代表が協議できる場を設けること。

以上要望します。

このことは、アッという間に職員間に広がった。先輩や同僚の教師たちがわたしを訪ねてきては、「何をやっているのだ」「学校の問題を弁護士に相談するとはなにごとだ」と問いただした。懇意にしていただいたある校長は、「バカなことをしていると、道を踏みはずすぞ」と忠告した。

年度はじめの職員会議で、わたしはどん底に落とされた。担任とすべての校務分掌（仕事）から外されたのだ。それまでの担任や生徒指導担当、生徒会担当、研究推進委員など現場の最前線から突然、窓際族となった。もっともらしい理由を言ったが、事実上の報復措置であることは疑いなかった。わたしは、まさか校長たる人物がそこまでやるとは思っていなかったが、あとの祭りだった。

さらにはわずか二年の勤務で、自宅から車で一時間以上かかる岐阜市のＫ中学校へ異動となった。しかし、人生とは皮肉なもので、その中学校での実践が、子ども参加の仕組みを根本的に変えるターニング・ポイントになろうとは、落ち込んでいたわたしには思いもよらなかった。

ちなみに、現在、市内のすべての中学校で肩掛けカバンから両肩のリュックカバンとなり、自転車通学の許可範囲も緩和された。すべては生徒たちの「肩が痛い」「疲れる」「しんどい」などのつぶやきからはじまったことだ。

行きづまった班長会

新しく赴任した岐阜市のＫ中学校は、生徒数・約千人、教員数・約五十人の大規模校で、生徒は近辺の複数の小学校から集まってきていた。数年前まで荒れていたが、指導力のある教師を配置し、落ち着きをとり戻しつつあるという。校舎のところどころに真新しい修繕のあとがあった。

生徒会活動が活発で、とりわけ特色ある学校づくりの一環として、合唱活動やスポーツ活動に力を入れていた。職員室前のショーケースには優勝旗やトロフィー、賞状がところ狭しと並べられ、生徒たちは、早朝から放課後、日曜・祭日まで、合唱や部活動の練習に取り組んでいた。かつて校内暴力を経験した教師たちが、「子どもが荒れるのは熱中するものがないからだ」「部活動をとおしてあいさつや礼儀を教える」と、生徒たちと汗水を流した証である。

生徒たちは廊下ですれちがうと、「おはようございます」「こんにちは」とあいさつをした。保護者もこうした学校の姿勢を高く評価したが、きびしい練習に耐えかねて幽霊部員になったり、学校を欠席したりする生徒も少なくなかった。

わたしは中学二年生の担任となり、ふたたび班長会の活動を開始した。生徒たちは新しい仕組みに興味を示し、意欲的に活動した。しかし、ほどなく班長たちから、「もう、忙しすぎて限界！」と悲鳴があがった。

合唱や部活動で忙しいうえに、クラス員の相談ごとまでもち込まれ、どの班長も身動きがとれなくなったのだ。班長のひとりは、「こんな仕事がやりたくて班長に立候補したんじゃない」と口にした。わたしは、「まえの学校でも班長たちはがんばってやっていた。クラスのためだ」などと、無理を承知で生徒の背を押した。

だがそこへ、班長会の仕組みを揺るがす相談が舞い込んだ。

「こんどの班は気のあう子がいない。班を変えてほしい」

悩みアンケートには、班編成にたいする不満が書き込まれていた。班編成は班長会のたいせつな仕事のひとつで、班長たちはクラスの人間関係を考えながら、班のメンバーを選んでいく。「あの子とこの子は相性が悪い」「あの子とは以前にケンカしたことがある」などとあれこれ考え、一か月もかかることもある骨の折れる仕事だ。

「わたしたちがいっしょうけんめい決めたのに、文句を言うなんておかしい。自分勝手だ」

「そんなことを言うなら、自分がやってみたらいい」

班長たちはいっせいに反発した。

いったい、だれがこの問題を公平に裁けばいいのか。班長の選出と罷免についてはすでに「班長会服務規程」があったが、こうした具体的なケースを予想してはいなかった。思わぬところで、仕組みの欠陥に気づくことになった。

民主的な組織とは、「きまりをつくる仕事をする人」と「きまりを運営する仕事をする人」と「きまりを守らない人を裁く人」がいて、それぞれが役割を分担し、責任を果たすことができるものだ。日本の国の仕組みも、国会・内閣・裁判所の三権分立体制をとり、それぞれが独立して活動している。

悩んだすえにわたしは、班長会とは別に、クラス員の悩みや相談を専門に受け付け、解決するための委員会を立ち上げることにした。名前は、子どもの人権を守るための委員会という意味で、「人権委員会」と命名した。

人権委員会のメンバーは、男女各二名、計四名で、クラス選挙で選ばれた。班長会にくらべ人数を減らし、クラス員のより多くの参加を保障するために、話し合いのつど二名の臨時人権委員を選出することにした。臨時人権委員は、「病気や大きなケガをした」「部活のレギュラーで試合がある」「生徒会役員や学級役員の仕事がある」「お葬式がある」「テストの追試がある」などといった正当な理由がなければ欠席できない。

つぎに紹介するのは、生徒会活動の相談（中学二年生）と不登校の相談（中学三年生）に、人権委員会がフル回転した出来事だ。

給食の配膳表は不公平？

山田ヒサ（当時十三歳）は、中学二年の女の子。陸上部に所属し、走るのが大好き。髪は短くカットしてボーイッシュだ。「クラスで問題があったら、おたがい納得のいくようにきちんと話し合いたいです。でないといやな気持ちになるし、クラスの雰囲気も悪くなるからです。とてもやりがいのある仕事なのでがんばりたいです」と、人権委員に立候補した。

その日の悩みアンケートに、「男子ばかりが軽い食器を担当するのは不公平だ」と女子生徒から相談が寄せられた。ことの発端は、給食委員会の決めた配膳表にあった。

給食委員会の活動は、食器やおかずの運搬から配膳、片づけまでの責任を負う。給食委員は、公平に配膳されているか、食べ残しはないか、食器はきちんと返却されているかなどをチェックする。配膳表は、だれが何を配膳・運搬するかを表にしたもので、その作成は給食委員のたいせつな仕事だ。

人権委員会は、放課後の教室で開かれ、参加者は、給食委員、訴えた女子生徒、四人の人権委員と二人の臨時人権委員、証人の前期給食委員、わたしの合計十人だった。質疑応答は紛糾した。

「給食委員は、配膳表をどのように決めたのですか」と人権委員が質問した。

「前期の活動を参考にして、男女が交互になるように決めました。給食の担当の先生からも、配膳表は委員が責任をもって決めるように言われました」

「どうして男子が軽い食器で、女子が重い食器なの」

「そんなことない。公平になるようにやりました。班の子もこれでいいと言ったはずよ」

給食委員が応答した。

「班の子はいいと言ったの？」と人権委員が質問。

「うん……。でも、そのときは問題がないと思ったけど、じっさいに動きだしたらいろいろな問題がでてきた。わたしの班には、力のない子がいる。その子は重い食器を運んで、落としそうになったことがある。すこしはそういうことも考えてほしい」

女子生徒も必死だ。前期の給食委員が、宣誓をしてから証人として発言した。

「給食は重たい食器のときもあれば、軽い食器のときもある。だれだって軽い食器がいいに決まっている。みんなの意見を聞いていたら、ぜったいにまとまらない」

議論は白熱し、予定の時間を過ぎても結論はでなかった。結局、翌日にもう一度話し合うことになった。

人権委員のヒサは最初、「給食委員の子は、毎日いっしょうけんめいに活動している。なのにどうして不満を言うのだろう。配膳表も一度賛成したのに、いまさら反対するなんておかしい」と思ったが、相手の女子生徒の言い分を聞いて、考えがぐらついた。

小学校のとき、同じクラスの女の子が給食の食器を落としたことがあった。女の子はみんなから「ごはんが食べられない」と責められ、大泣きした。たしかあのときも、女の子はひとりで重たい食器を運んでいたことを思い出した。

翌日の話し合いで、ヒサはそのことを話した。みんなでまとめた結論は、「配膳表はこれまでどおり給食委員会が作成し、もしも不公平や問題がでてきたときは給食委員と班員が話し合い、助けあうようにすること」となった。


給食委員の女子生徒は、このときの思いをつぎのように語った。

「給食当番の配膳表について指摘された。話し合いのときは、すごくいらだっていた。たしかに、配膳表をつくり、その案をみんなの許可をとらずに実行したことはいけないと思う。でも、なぜ配膳表がいやなのかと相手の子に聞いたら、『その人の体型を考えて』とか『女子ばっかりに重いものを持たせるな』とか言って、わがままばかりな気がして、だんだんいらだちはじめた。『そんなこと言ったって、すべて自分の思いどおりにならないって……』と思った。もしそこで男子に重たい食器を割り当てたら、こんどは男子が怒りはじめるだろう。でも、最初はわがままな意見だと思ったけど、クラスのことを思って意見したのだと思えるようになった。クラスのなかには、意見は言わないけど、配膳表がいやな人がいるかもしれない。一度目の話し合いをした日は、夜までずうーっといらだっていたけれど、一日考えたら冷静になれた。つぎの日、みんなでいっしょに考え、クラス全員に許可を得た。結局、配膳表はそのまま使うことになった。この話し合いはクラスにとっても、わたしにとってもすこし成長するきっかけになったかなあと、ふりかえって思いました」

ヒサは、人権委員会の活動をふりかえった。

「アンケートをとると、クラスのなかにこんなに悩みや相談があって、ひとりひとりがそのことをすごく考えていることに驚きました。委員にならなかったら、わたしは友だちの悩みに気がつかなかったと思います。クラスで起きたことが、よくも悪くも、ただそれで終わってしまったと思います。それを自分のこととして考えられました。すごくうれしいことでした。友だちの悩みを親身になって考えることはとてもたいせつだし、心に残るものでした」

中学生の奇想天外なアイデア

鈴木カナ（当時十五歳）は、中学三年の女の子。すこし心配性で几帳面な性格。マンガを描くことが大好きで、中学校では迷わず美術部に入った。

そんなカナが学校に背を向けたのは、中学一年生の二学期、体育大会の練習がはじまったころだ。朝になると頭がガンガンと痛くなり、ベッドから起きられなくなったという。母親といくつもの病院を回ったが、どこにも異常は見つからなかった。担任をはじめいろいろな教師が家庭訪問をしたが、カナは布団にもぐり込んだままで顔を出さなかった。やがて昼夜が逆転し、生活は乱れていった。

カナの母親は、当時のようすをこう語った。

「学校のことを言うと、娘は大声で泣きだしたり、ものにあたったりしました。抜け殻のようにボーッとしていたかと思うと、突然に怒りだしたりして、ほんとうにどう接していいのかわかりませんでした。家族全員が腫《は》れものにさわるようでした」

一年半の歳月が流れ、カナは一度も登校せずに中学三年生になった。職員会議でわたしがカナの担任に決まったとき、学年の教師たちは、「あの子は一年以上も学校に来ていない」「担任や生徒指導担当の先生が何度も家庭訪問をしたが、会えなかった」「母親も『もう家に来ないでほしい』と言っている」などと教えてくれた。進路について話し合う三者懇談にひとりで出席した父親は、「娘の将来を考えると、心配で眠ることもできません。このままで卒業はできるのでしょうか。不登校の子どもでも受け入れてもらえる高校はありますか」とわたしに迫った。

そんな状況を変えたのは、やはり子どもたちだった。


放課後の教室、人権委員のメンバーは、その日におこなわれた悩みアンケートの仕分けに追われていた。

「鈴木カナさん……。そんな子、このクラスにいたっけ」

アンケートには、「鈴木カナさんがずうっと学校に来ていない。どうしているのか心配」と書かれていた。

「鈴木さんて、あの不登校の鈴木さんでしょう」

「どうしているかって、わかるわけないじゃん」

「クラスの同級生だし、わたしもようすが知りたい。だれか知っている子はいないの」

生徒が探しだしたのは、予想外の人物だった。

坂本裕子は、口数が少なく、学級ではまったくめだたないタイプ。カナと同じ美術部で、小学校からふたりは大のなかよしだった。カナの不登校で、裕子もちょくちょく学校を休むようになった。裕子がキーマンになろうとは、わたしは思いもしなかった。

人権委員たちは、カナとの連絡役になってほしいと裕子に依頼した。裕子はすこし首を傾げて、「できるかしら」と小さくつぶやいたという。数日後、裕子から「カナちゃんが、学校近くの堤防でなら会っていいって」と連絡が入った。

その日は、澄みきった初夏の青空だった。約束の時間、白いシャツに花模様のスカート姿のカナが自転車に乗って堤防に現れた。

「ひさしぶり。カナちゃん、わたしのこと覚えてる？　小学校で同じクラスだったじゃない」

「オレのことわかる？　小学校から二十センチも背が伸びたんだ」

「こんにちは、同級生の清水です。陸上部です。よろしく」

はじめて顔をあわせる子もいたが、そこは中学生。すぐにうち解けていろいろな話で盛り上がった。別れぎわにカナが、「わたし、学校に行きたい」と口にしたと、人権委員が報告してくれた。この日このときから、カナのクラス復帰作戦がスタートした。

カナの連絡役は、もちろん裕子にお願いした。裕子から、「みんなの目が気になる」「知らない人とは話せない」「勉強が心配」「二年近く休んでいたけど、高校に進学できるのか」「席はうしろの窓ぎわがいい」など、つぎつぎとカナの情報が寄せられた。

人権委員たちは、「カナちゃんの席はうしろの窓ぎわを用意したらいい」「勉強を教えてくれる子の班がいい」など意見をだしあった。高校進学については、進路指導担当の教師に資料を用意してもらった。そして、学級会で生徒たちが決めた対策は、ユニークかつ奇想天外なものだった。

「カナさんが登校しても、驚いたり、声をかけたりしない」

「カナさんには、あいさつしない」

「カナさんと目があってもそらす」

「あいさつしない」「目をそらす」など、知らない人が聞いたらいじめと思いかねないだろう。もちろん、決定はカナに伝えられ、了解を得た。

二学期の始業式が、Xデーであった。当日、カナは裕子といっしょに登校し、教室に入ると、教えられていた窓ぎわのうしろの席に座った。だれひとり、じろじろ見たり、声をかけたりする生徒はいなかった。

カナの母親は、当時をこう語った。

「二学期のはじまる数日前から、娘はクリーニングしたカッターシャツとスカートを部屋の衣紋《えもん》掛けにつるして眺めていました。忘れものがないか、お友だちの裕子さんに何度も電話で確かめていました。無事に登校できて、ほんとうに夢のようでした。うれしくてうれしくて、まわりのお子さんたちへの感謝の気持ちでいっぱいでした」

人権委員になった女子生徒は、つぎのように活動をふりかえった。

「とくによかったのは、友だちの悩みを真剣に考える友だちの姿です。話し合いも協力できたし、仲間関係も深まりました。みんな、心がきれいになったと思う。わたしも困っている人にたいする意識が変わってよかったです」

カナは、その日から一日も学校を休むことなく卒業式を迎え、つぎのような作文を残して高校へ進学していった。

「もうすぐわたしは中学校を卒業します。卒業をまえに思うのは、もう友だちと同じ学校でなくなるというさみしさです。小学校から中学校に入学するときは、『仲のいい友だちといっしょのクラスがいいな』と思っていました。でも、いまの友だちとバラバラになるのがとてもさみしいです。高校に行ったらいい友だちができるかどうかとても不安です。だけど、これから行く高校は、わたしが自分で決めた進路です。このさみしさや不安を乗り越えることができたら、とても楽しい高校生活が待っていると思います。わたしはいま、自分の道を進んでいます。その道を進むうえで友だちは、大きな心の支えになってくれるはずです。いままで出会った友だちも、これから出会う友だちもたいせつにしていきたいと思っています」


カナをめぐる出来事は、「子ども参加」についてあらためて考える契機となった。友人の裕子は最大の功労者でカナの復帰をもっとも喜んだひとりだが、カナとのあいだをとりついだだけで、自分が貢献したなどとはすこしも思っていない。ただ、自分ができることをできる範囲でしたにすぎない、と。

子ども参加のしかたは、人それぞれだ。マンガが得意な子はマンガを、スポーツが得意な子はスポーツを、おしゃべりが好きな子はおしゃべりを生かせる参加のしかたを探せばいい。悩んでいる友だちの横で黙って座っているだけでも立派な参加だ。何か特別なことをする必要はない。

こんな例がある。友だちがいないという相談にたいし、生徒たちは「友だち募集」のポスターを作成した。すると、「いっしょにトイレに行くぐらいなら」「休み時間にドッジボールをするぐらいなら」などと、つぎつぎと声があがったのだ。まさに、ひとりの参加が輪のようにつながっていった。

こうした草の根の参加こそが、心のこもった無理のない参加なのだと思う。

教師からの訴え

人権委員会は、教師や保護者からの相談も受け付ける。悩みアンケートに理科の教師から、「授業で発言する子がいつも限られている」と相談が寄せられた。

人権委員会は、この相談はクラス全体の問題で、学級会で話し合うべきだと判断した。そこで、ある日の六時間目の学級会のテーマは、「楽しくわか

友だち募集のポスター

る授業」となった。

「きょうのテーマは、『どうしたら楽しくわかる授業になるか』です。提案理由は、理科の先生から人権委員会に、『このクラスは、授業で発言する子がいつも限られている。もっと多くの生徒に発言してほしい』と相談があったからです。積極的にどしどし意見をお願いします」

司会者の呼びかけに、手が挙がった。

「発言をしない子は、どうして発言しないのですか」

「生徒会でも『一日に一度は発表しよう』と呼びかけている。なぜ反応しないのですか」

「手を挙げない子にたいし、まわりの子はどう思っているの」

クラス員からは、「はずかしい」「正解か自信がない」「まちがっていると笑われる」「考えているあいだにほかの子が指名されている」「手を挙げないことに慣れてしまった」などの意見がでた。なかには「どうして発言しなくてはいけないのか。無理に手を挙げなくてもいいのではないか」という意見もあり、話し合いは紛糾した。

そのとき、オブザーバーで参加した理科の教師が発言を求めた。

「みなさんは、授業ってなんだと思いますか。授業は生徒と先生のコラボレーション（共同作業）です。先生がいくらがんばって授業をしても、みんなが反応しなければどうなるでしょう。質問してもだれも反応しなかったり、一部の子しか発言しなかったらつまらない授業になるでしょう。先生もやる気は失せるし、『みんなわかったのかな、だいじょうぶなのかな』と心配になります。みんなの意見に『はずかしい』『自信がない』という意見がありました。でも、授業は正解を言う場ではありません。

まちがっていても失敗してもいい、そこから学ぶところなのですよ」

学級会は、「一日に一度は発表をしよう」と決議し、相談者である教師には、「考える時間をもうすこし長くしてほしい」「かんたんな質問もだしてほしい」と要望して閉会した。

数日後、人権委員会に、「安藤くんはまだ一度も発言していない」と悩みアンケートが寄せられた。安藤くんは勉強が苦手で、進路についても高校進学か就職かで悩んでいた。調査員に、「どうせ自分は就職するから、勉強なんて関係ない」と話したという。

人権委員会では、「本人が発表しないと言っているなら、それでいい」「無理強いはよくない」という意見から、「学級会で全員発表すると話し合ったばかりだ」「理科の先生に申し訳ない」といった意見までがだされた。

ふたたび学級会が開かれ、「安藤くんが発言するまで、ほかの子はぜったいに手を挙げない」「班で安藤くんを応援する」と決まり、安藤くんと理科の教師にも了解を得た。

三時間目の理科の授業、教師の質問にたいし、クラス員のだれもが手を挙げず、ジッと安藤くんを見つめていた。となりの席の班長が、「安藤、安藤」と小声で目配せをすると、安藤くんははずかしそうに手を挙げたのだった。

クラスの変化

この一年間で人権委員会には、計百七件の相談が寄せられた。しかし、このすべてに人権委員会の話し合いがもたれたわけではない。

月ごとの相談・調査・開廷件数

	相談	調査	開廷
4月	16	3	2
5月	15	6	2
6月	12	3	1
7月	10	6	3
8月	(夏休み)		
9月	2	2	1
10月	9	1	0
11月	9	2	2
12月	6	5	3
1月	8	1	0
2月	12	1	0
計	99	30	14

＊表とは別に「教師からの相談」が8件あり、うち4件について調査がおこなわれ、うち2件について人権委員会が開かれた。

たとえば、四月には十六件の相談にたいして調査にいたったものが三件で、そのうち話し合いが二件。十月には九件の相談にたいして一度も話し合いは開かれなかった。トータル、調査が三十件で話し合いは十四件だった。

相談内容は、一学期は人間関係についてがもっとも多く、二学期からは学級会や生徒会活動についてへと変遷していった。三学期には卒業と進学を控えてか、「受験が不安」「どこの高校を受けるか悩んでいる」といった相談があったが、話し合いは一度も開かれることがなかった。

その理由についてわたしは、生徒たちの信頼関係が深まってどんなことでも腹を割って話すことができるようになり、クラスが安心して学習し生活できる空間と変貌したからではないかと感じた。それは、ある女子生徒の発言による。

「わたしは中学一年生や二年生のときは、いつも同じ友だちと行動していたり、思いっきり自分をだすことができませんでした。でも、三年生になって、友だちの悩みやクラスの問題を自分たちで話し合って解決しました。『何をしているときが楽しいか』と聞かれると、『友だちとおしゃべりしているとき』と自信をもって言えるようになりました」

生徒のことばが、クラスの変化を雄弁に物語っている。

わたしにとっても収穫があった。それは、一度も大声を出して生徒をしかることがなかったことだ。新しい自己の発見だと喜んだのだが、それがぬか喜びであったことを知るのは、もうすこし先のことだ。

わたしは、原田さんたち前任校の生徒との約束を果たすべく、班長会や人権委員会の実践をまとめ、「生徒が生徒を指導するシステム」として発表した（学陽書房にて書籍化）。そのことで地元の教育賞をいただいたり、新聞社や教育関係出版社からの原稿依頼、大学や自治体などから講演依頼が舞い込んだりした。驚いたのは、かつての教育長がわたしを教育委員会室に招き、評価したことだ。

わたしは生徒の卒業を見送り、仕組みづくりの分岐点となったK中学校に別れを告げ、地元の中学校に戻ることになった。

「先生はなんでも決めつける」

「わたしたちの言うことを信じてくれないのですか」

第五章

コルチャックと子ども裁判

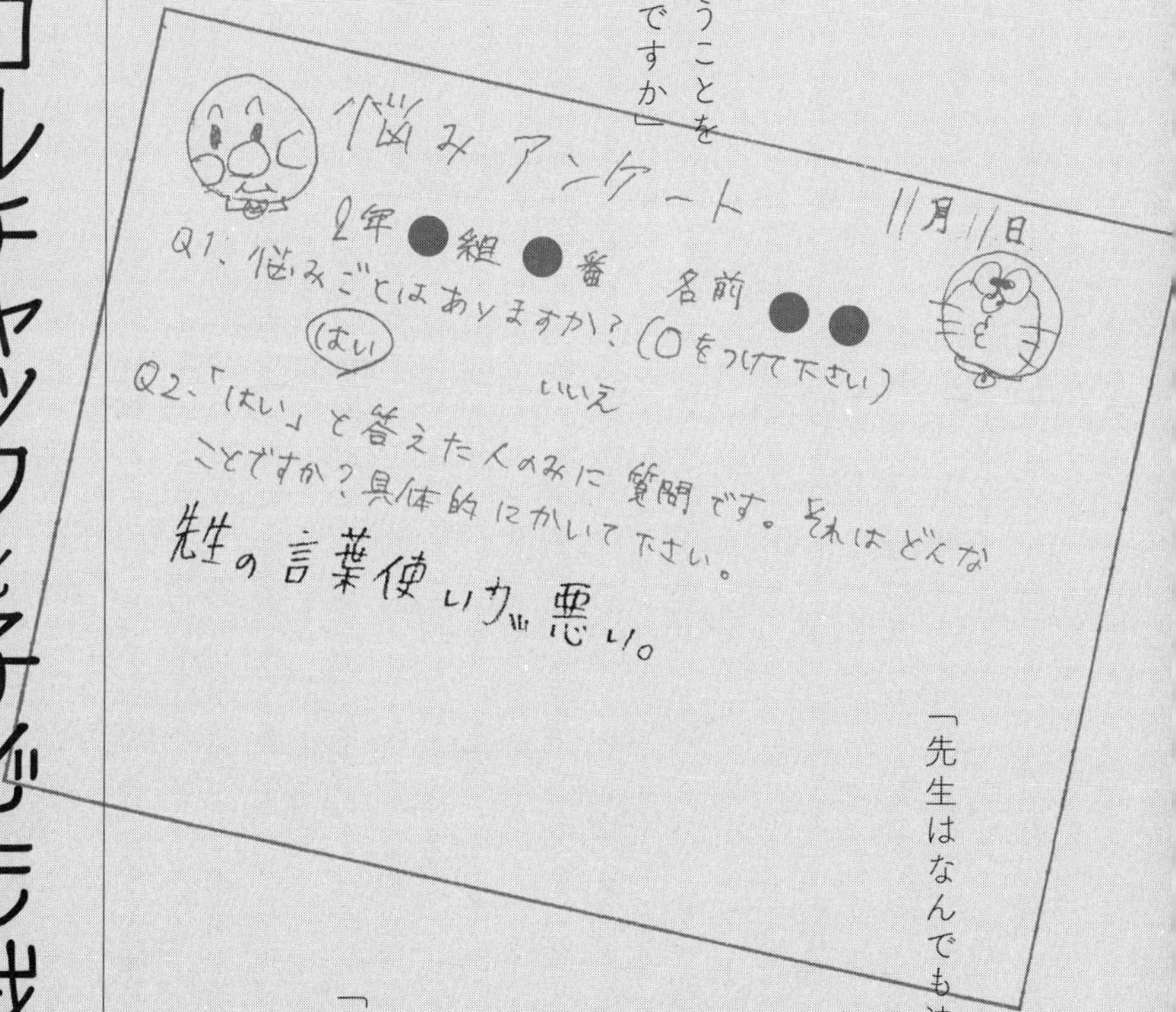
悩みアンケート　11月11日
2年[redacted]組[redacted]番　名前[redacted]
Q1、悩みごとはありますか？（○をつけて下さい）
はい　いいえ
Q2、「はい」と答えた人のみに質問です。それはどんなことですか？具体的にかいて下さい。
先生の言葉使いが悪い。

「先生が怖い、授業に出たくない」

「とりあえず」と許可した校長

新しく赴任した中学校は、自宅から車で十分ほど。生徒数・約五百人、教員数・約四十人の中規模校で、田園に囲まれた、市内ではもっとも新しい中学校だった。予想したとおり、わたしは担任をはずされた。校務分掌も、教科担任と、校内の破損箇所の修繕や花壇の世話をする係になった。新校舎の敷地は広く、わたしは毎日の水まきに学校中を走りまわった。

正直なところ、子ども参加の実践はここでは無理だと覚悟していた。しかしあきらめきれず、ダメもとで校長に願いでた。

すると意外にも校長は、「全校は無理だが、とりあえず学年でならいいだろう」と実践を許可した。「実践を教育長も評価していることが、校長の耳に届いたからだ」と、のちのち同僚から知らされた。

早朝の学年集会で、テラスに二年生百八十名と学年の教師八名が集合した。わたしは、子ども参加の仕組みを説明し、生徒に向かって、いじめなどの問題を自分たちで解決するよう語りかけた。各クラスから、つぎつぎと人権委員への立候補の手が挙がった。かれらの決意表明の一部を紹介する。

○がんばりたいことは、クラス全員の悩みをなくすことです。どんな相談でもしっかりと話し合って、元気で明るいクラスにしていきたいです。プライバシーを守り、ウソをつかないでやっていきたい。

○友だちの秘密を守ります。相談するときはいつもどおりに接するようにしたいです。相手に安心感を与えて、相談しやすい環境をつくっていきたいです。仲間に信頼される人になりたいです。そして、差別のないクラスをつくっていきたいです。

○わたしは、ふたつのことに力を入れたいです。ひとつは、クラスで子が困っている子がいたら、きちんと悩みを聞いて助けてあげることです。ひとりでさびしそうにしている子がいたら声をかけたいです。そして、その子が楽しく学校に来られるようにしたい。もうひとつは、自分から差別をしないようにクラスのお手本になるようにしたいです。これらのことを守って役割を果たし、クラス員から信頼されるようになりたいです。

決意表明はたいせつだ。いじめを発見して止めようとしたとき、相手の生徒から「おまえには関係がない。向こうに行ってろよ」とあしらわれることがある。しかし、決意表明をすると、「わたしは自分の役目を果たしているだけだ。みんなにした約束を破れない」と応答できる。クラス員の前でいじめを見て見ぬふりすると、「あなたは、みんなの前で決意したのでしょう。きちんと役割を果たしなさい」と逆に注意されることもある。

「先生はガミガミと話が長く、なんでも決めつける」

教師たちは、いい顔をしなかった。新しい活動は、アンケートの回収から調査、話し合いと続く。慣れてしまえばどうってことないが、はじめて実践する者にとっては、「アンケートの質問項目はどうするのか」「調査はどのようにおこなうのか」「いつどこで話し合うのか」などと、わからないことばかりだ。ガイドブックは準備したものの、日頃、猫の手も借りたい状態の教師がすんなりと納得するはずがない。ましてや、わたし自身がそうだったように、担任は自分のクラスに問題があるとは思っていない。

わたしはしかたなく、各担任の協力者として、二年生すべてのクラスのアンケートの準備から回収、さらに調査から話し合いまですべてを引き受けることにした。だが、結果的にそれが仕組みを一歩も二歩も前進させることとなった。

人権委員たちは、クラスで回収した悩みアンケートを、担任を経由しないで直接わたしのところへ持ってきたが、そこには、驚くべき相談が書かれていた。

「クラスの担任はすぐ怒るし、昨年のクラスやほかの学年と比較する」

「担任のA先生はガミガミと話が長い。なんでも決めつける」

「部活の顧問の先生の指導がよくわからない」など。

こうした教師についての相談にどのように対応すればいいのか、わたしは頭を抱えてしまった。

コルチャックとの出会いと子ども裁判員

実践論文を出してからというもの、わたしは東京や関西の教育研究会に出かけては、子ども参加の仕組みについて発表した。そこで出会ったのが、ポーランドの教育者、ヤヌシュ・コルチャック(Janusz Korczak 一八七八〜一九四二年)である。

コルチャックはナチス・ドイツの支配下で、戦争で両親や家をなくしたユダヤ人孤児を受け入れ、孤児院を運営した。そこで彼は、民主主義の象徴として社会でおこなわれていた司法制度を実践にとり入れ、子ども自身の力で問題を解決する「子ども共和国」のようなものをめざした。それは、子どもと大人が共同生活をすることで、教える側と教えられる側が民主主義や民主的な自治を実践する教育的なモデルだった。

コルチャックは子ども法典や壁新聞など幾多の実践を試みたが、もっとも注目されたのが「仲間裁判」だ。その仕組みはユニークで、一週間、ルール違反や罪を犯さなかった十二歳から十四歳の子どものなかから、くじ引きで五人の裁判官を選び、子どもから訴えがあると裁判を開廷し、自分たちで問題を解決した。彼の実践は、当時の著名な教育者が見学に訪れたほどに画期的なものだった。

コルチャックは、「一度裁判を開くと、一か月子どもを観察するよりも子どものことがよくわかる」と語った。そんなコルチャックだが、時代の波には抗しきれず、ナチスのトレブリンカ絶滅収容所で、教え子である二百人あまりのユダヤ人孤児とともにその命を終えた。戦後、コルチャックの実践や考え方は、「子どもの権利条約」の礎となった。

わたしは、戦前のナチス統制下でこのような実践があったことに驚いた。衝撃的だったのは、仲間裁判でコルチャック自身が子どもに訴えられ、子ども裁判官たちに裁かれていたことだ。

教師が子どもに裁かれる――。わたしは、そのことがきちんと整理できなかった。指導する立場にある教師が、なぜ子どもに裁かれるのか。そんなことが許されるのだろうか。わたしの足は自然と、日本で唯一コルチャックを研究している団体が所属する日本教育学会に向かった。

日本教育学会といえば、大学の教育研究者を中心とした、教育や教育学にかかわる研究領域を対象とする日本国内で最大規模の学会である。さぞ、多くの研究者が机を囲んで熱い議論をしているだろうとドキドキしながら分科会のドアを開いた。だが、そこには数人のメンバーがこぢんまりと机を囲んでいた。

緊張していたわたしは拍子抜けした。そんなわたしを議長の塚本智宏先生（現・東海大学教授）が、「こっちに座って」とやさしく招き入れてくださった。そこで知ったコルチャックは、じつに人間味あふれる人物だった。

若い時代のコルチャックは、自信過剰なほどに、自分は多くを成しとげられると考えていたこと。はじめてコルチャックが教師として教壇に立ったときに目にした子どもの光景は、騒ぐ、泣きわめく、ケンカをする、暴力をふるう、勝手に立ち歩く、人のものを勝手に盗むなど、まさに最悪だったこと。コルチャックは子どもたちを大声で怒鳴り、たたき、耳を力いっぱいに引っぱるなどしたこと。子どもたちはコルチャックからどんどん離れていったこと。コルチャックは道徳や情熱、ましてや体罰ではけっして問題は解決しないと悟ったことなどを知った。

なによりも驚いたのは、仲間裁判では小さな子が大きな子を訴えたり、子どもが教師を訴えていたことだ。コルチャック自身、子どもたちから何度も訴えられ、ときに有罪の判決を受けて子どもたちに謝罪していた。

コルチャックの仲間裁判のような実践は、日本では報告例がなく、研究者のあいだでも「あれは理想にすぎない」「管理体制の強い日本では実践は無理だろう」とみられていると、塚本先生は教えてくださった。

生徒たちはわたしに気兼ねして、不満や意見があっても口を閉じてきたのではないか。わたしの実践は、ほんとうの意味で子ども参加といえるのだろうか——。そんな思いが頭をよぎった。コルチャックとの出会いは、これまでの仕組みに「教師が裁かれない」という欠陥があることを気づかせてくれた。

わたしはコルチャックの仲間裁判に敬意を表し、「人権委員会」を「子ども裁判所」に、「人権委員」を「子ども裁判員」と改名した。また、「裁判」という名称を使ったのは、当時、裁判員制度の導入と並行してスタートしていた法教育とも連動させられるのでは、という思いからでもあった。子ども自身による問題解決の実践は、「正義とは」「みんなが納得するようなルールとは」「公平とは」といった法の基礎となる考え方を、体験的に身につけることにもなるのではないか、そう考えた。

担任を訴えた生徒たち

つぎに紹介する実践は、教師が子どもに裁かれた事件である。

子ども裁判員の青木アリサ（当時十三歳）は、中学二年生。その日の放課後、調査用紙を持って職員室の前を行ったり来たりしていたという。

「ねえ、どうするの、入るの、入らないの」とペアの女子生徒が声をかけた。

「入るわよ……。でも、ひょっとして先生いないかも……」

ふたりが探している早野先生は、四十代のベテランの男性教師。今年度からこの中学校に赴任し、アリサたちの担任とバスケットボール部の顧問を任されていた。

「何言ってるの、あそこ、あそこにいるよ」

友だちに押されて、もう、しかたないかと職員室の扉を開けた。

アリサは、世話好きで面倒見がいい。どの子にも分けへだてなく、「元気？」「どうしたの」などと声をかける。教師からも「アリサさんはクラスのお母さんみたいだね」と評判だ。アリサは子ども裁判員に立候補した理由を、つぎのように語った。

「わたしが立候補した理由は、いちばんにクラスをよくしたいと思ったからです。自分たちの問題を先生に頼らないで解決していくことで、ほんとうに自分ががんばれると思います。いじめがあったらぜったいになくしたいし、ひとりで悩んでいる子がいたらすぐに声をかけていきたいです。自分に与えられた仕事に責任をもって、最後までがんばりたいです」

悩みアンケートには、「早野先生はなんでも決めつける」「早野先生は生徒の言い分を無視している」など、担任にたいする相談が綴られていた。

「ねえ、早野先生にたいする不満だよ。どうする」

「どうするって、何が……」

「先生にこんなこと言っていいの、それにだれが先生の調査にいくの……」

すったもんだの挙げ句、結局、調査はアリサたち女子裁判員がおこなうことに決まった。

放課後の特別教室で子ども裁判が開廷された。参加者は、相談者としてアキラ、イズミ、マリの三人、アリサをふくめ四人の子ども裁判員と二人の臨時裁判員、担任の早野先生、そしてアドバイザーのわたしの計十一人だ。

はじめのあいさつ、宣誓と続き、質疑応答に入った。最初に手を挙げたのは、相談者のアキラだった。彼はバスケットボール部のレギュラーとして、市の大会で優勝をめざしてがんばっている。

「部活のことだけど、早野先生のやりかたは、去年の顧問と違うので、みんなとまどっています。早野先生はパス練習中心だけど、まえは実戦練習中心でした。ぼくたちは実戦練習に慣れているので、そうしてください」

関連質問で子ども裁判員が手を挙げた。

「バスケ部の友だちから聞いたんですが、早野先生はまえの試合で、毎日練習に出ていた子を選ばないで、出ていない子を選んだと聞きました。その子はとてもくやしがっていました。ほんとうですか。どうして、まじめに参加している子を選ばないのですか」

早野先生は黙って腕を組んでいた。続けて、イズミが手を挙げた。

「先生は自分の意見を押しとおしすぎます。なんでも命令調はやめてほしい。わたしたちは掃除をやっているのに、やってないと言うし、早くやれと急かす。そんな言い方だとやる気もなくなる。だから先生はきらわれている」

イズミは、クラスのお姉さん的存在。だれにたいしてもものおじしないで、ズバリと意見する。一瞬、会場が凍りついたようになり、だれもが早野先生を見た。そのときアリサは、「あ、どうしよう。言っちゃった」と血の気が引いたという。でも、早野先生は黙って腕を組んだままだった。

司会者がおそるおそる「先生、どうですか」と質問すると、早野先生はジロリと一同を見渡して、静かに口を開いた。

「かなり誤解があるようだ。試合のメンバーは、きみたちのことをよく知っているまえの顧問に選んでいただいた。県大会につながる試合だから、先生は実力を重視したと説明していた。パス練習も、前回の試合でパスミスが多かったからというまえの顧問のアドバイスでそうした。イズミさんの件は、三年生の週番から『このクラスは窓閉めや掃除の片づけができてない』と報告を受けて、そう言ったまでだ」

アキラは先生の答えに納得したようすだった。でも、イズミは黙っていなかった。

「わたしたちはちゃんと窓を閉めました。先生は、わたしたちの言うことを信じてくれないのですか」

「じゃあ、どうして窓が開いていたのか」と早野先生。

「知りません！」

アリサは、険悪な雰囲気になるのを感じた。「ほかの子が窓を開けたんじゃないの」とだれかが小声でささやいたが、イズミは続けた。

「それに掃除はいつも同じ場所だし、窓を閉め忘れた罰だといって、一週間も放課後掃除をさせられた。みんな、傷ついた」

参加者から、「ちょっとひどいな」「先生だからいいんじゃない？」と声が漏れた。イズミの気勢に押されて、裁判員の女子生徒が口を開いた。

「わたしも早野先生に言いたいことがあります。先生は、ちょっとのことですぐ家に電話する。母も、連絡はうれしいけど、すこし迷惑と言ってた。とくに夕食の時間はやめてほしいです」

早野先生は苦笑いしながらうなずいた。質疑応答が一段落すると、司会者が子ども裁判員に意見を求めた。

「やはり命令調はやめてほしい。一週間の罰はすこしきびしすぎる」

「先生のことを陰でコソコソ言うのはやめて、こうした場で堂々と言ったほうがいい」

「きょうは先生と本音で話し合えてよかった。すこしだけスッキリした」

それぞれが、神妙な面持ちで意見を述べた。

司会者に指名されて、早野先生が静かに口を開いた。

「ありがとう。勇気をだして発言してくれたね。ほんとうに貴重な意見ばかりでした。先生は、四十歳で染みついたものがあるから、急にコロリとは変われないかもしれないけど、いい先生になるようにすこしずつ努力します。みんなのいろいろな意見が聞けてよかったです。子ども裁判員は、こうした場をつくってくれてありがとう。これからも言いたいことがあれば、遠慮せずに言ってほしい。いっしょにいいクラスをつくっていこう」

何を言われるか内心ドキドキしていたアリサは、早野先生の話に安心したという。見渡すと、みんなの顔がすこしやわらいでいた。驚いたことに、早野先生はゆっくり立ち上がると大きく息をついて、「きょうは勇気をだして意見を言ってくれてありがとう」とひとりひとりに手を差しのべた。このときはほんとうにあっけにとられた、とアリサは言う。

でも、そこは担任と生徒。バスケット部のアキラは照れくさそうに、「お願いします」と手を差し出した。イズミは目をそらしていたが、子ども裁判員たちにうながされて握手した。パチパチと拍手が起きた。

つぎに司会者が、「きょうのことをクラスに公開しますか」と質問すると、「このことはみんな知っている。クラスに公開すべき」「隠す必要なんかない。みんなも心配している。きちんと話したほうがいい」と意見した。

「相談者も早野先生もいいですか。反対意見がなければ、あしたの学級会で知らせます」

司会者が確認し、子ども裁判は閉廷した。

アリサは、この日の子ども裁判の感想をつぎのように語った。

「最初は、先生に意見するには抵抗がありました。だけど、言わなければ解決できないと、すごく複雑な気持ちでした。そんなとき、ひとりの女の子が意見を言いました。やはり、みんなで楽しい学校生活を送るためには、だれかが意見を言わなければはじまりません。とても勇気があると思いました。先生の行動やことばづかいにたいして、たくさんの意見がでました。話し合いのなかで、生徒も先生も両方が傷ついていることがわかりました。両方の意見を聞くことで、自分の見えないことに気づき、そして自分を変えることができます。先生の意見だけでなく、生徒の意見があってこそ、問題が解決できるのだと思いました。解決の近道は、生徒と先生が意見を言うことだと思いました」

わたしが調査された日

わたしの専門教科は美術である。もともと絵を描いたり工作したりすることが好きで、この教科を選んだ。しかし、自分が好きであることと人に教えることとは大違いで、毎日が子どもたちと悪戦苦闘の連続だ。

ある日の放課後、美術準備室で翌日の授業準備に追われていると、「失礼します」とふたりの子ども裁判員が入室してきた。

「先生、いまいいですか」

「ああ、いいよ。なんか用」

「先日、わたしたちのクラスで悩みアンケートをとったら、クラス員から『平墳先生が怖い、授業に出たくない』と相談がありました。調査に協力してください。先生のプライバシーは守ります」

「えええ？」と、わたしは腰を抜かすほど驚いた。

ことの発端は、美術の授業中に無駄話をしていた生徒を注意したことだ。その生徒が悩みアンケートに相談を寄せたのである。

「先生はなぜ、大声で注意したのですか」

「授業中にとなりの子と無駄話をしていて、何回注意してもやめなかったからだ。でも大声でなんか注意したかなあ」

「そのときの気持ちはどうですか」

「ほかの生徒も迷惑している。何を考えているのかとムカッとした」

「いまの気持ちは」

「こんなことで授業に出たくないなんて、何を言いだすのかと驚いている」

「相手の子の気持ちを考えたことがありますか」

「……ない」

わたしはすっかりとり乱してしまったが、子ども裁判員は決められたとおりの調査をすませると、「ありがとうございました」と部屋を出ていった。

教師にとって子ども裁判とは、自分自身の言動を子どもの視点から検証するための仕組みでもある。もちろん、生徒の保護者にもオブザーバーとして参加してもらう。

かつてコルチャックは、自身の教育活動を子どもの視点から検証するために、自分で自分を仲間裁判に訴えている。ある年などはわずか半年のうちに、「男の子の耳を引っぱったとき」「子どもを寝室から引きずり出したとき」「部屋の隅に立たせたとき」「仲間裁判で子どもを侮辱したとき」「女の子に盗みの疑いをかけたとき」の五回も自分を告訴し、その判断を子どもたちに仰いでいる。

しかし、当時のわたしはそこまで理解していなかった。子ども裁判員が帰ったあとも、「無駄口をしている生徒を注意してどこが悪いのだ」「ちょっと感情的になりすぎたかな」などとオロオロして、まったく仕事が手につかなかった。

翌日、子ども裁判員がやってきて、わたしに告げた。

「先生、裁判員で話し合った結果、今回は子ども裁判を開きません。相手の子が、自分が無駄話をしているのが悪いと裁判を希望しませんでした」

わたしは平静を装い「あっ、そう」と返答したが、内心はドキドキで、そして正直ホッとした。だが、頭の片隅に、「ほんとうにこれでよかったのか」とすっきりしないものが残った。そして、わたしから提案し、子ども裁判員立ち会いのもとで、その生徒と話し合いをもつことにした。生徒は無駄話を後悔していたようで、「迷惑をかけてごめんなさい」と頭を下げた。わたしも、「これからはもうすこしやさしく注意するよ」と約束した。

わたしは、まえの学校で担任を受け持っていたとき、生徒を大声でしからなかったことをいちばんの収穫だと喜んだ。しかし、担任をはずれて子どもとの距離がすこし開いたあいだに、もとの自分に戻ってしまっていた。

担任は、授業以外にも、給食や掃除などでつねに子どものそばにいる。この事件は、そうした日常活動の重要さを再認識させてくれた。

子ども裁判員になってわかったこと

子ども裁判ですべての問題が円満に解決していくわけではない。何百回という話し合いのなかには、もの別れや平行線に終わるケースもあった。

平田コユキ（当時十四歳）は、中学二年の女の子。バレーボール部に所属し、活発で明るくほがらかな性格が、だれからも慕われている。子ども裁判員になるまえのコユキは、「子どもがいじめを解決するなんてぜったいに無理だ」と思っていたという。

小学校のとき、クラスでひとりの子を集団で無視したことがあった。担任は学級会でクラス全員に謝罪させたが、つぎの日から、その子は学校に来なくなった。そんないやな思い出が頭から離れなかった。担任は、「どんなに小さくてもいいから、悩んでいること、困っていることがあれば、先生に話してほしい」と何度も口にした。でも、同級生は、「先生に言うと、親に連絡されたりするのでいやだ」などと話していたし、コユキも、「この先生に話して、ほんとうにいじめが解決するのか」と思ったという。

中学二年生の四月、組織決めの学級会が開かれた。同級生のサチが、「わたしはクラスで困っている子がいたら、きちんと悩みを聞いて助けてあげたい。ひとりで寂しそうにしている子がいたら、声をかけてあげたい。自分から差別をしないようにして手本となるようになりたい」と子ども裁判員に立候補した。

「あとひとり、だれか立候補する人はいませんか。いなければ、推薦する人はいませんか」

司会者がクラスを見渡した。

「平田さんを推薦します。コユキさんはまじめで責任感もあるので、いいと思います」

クラスから声がかかった。コユキはとまどったが、サチの発言が背中を押した。

子ども裁判員の初仕事は、悩みアンケートの実施だ。コユキたちは、「どんなことでもいいから気軽に書いてね」と、アンケート用紙にコメントを入れたり、スヌーピーのイラストを入れるなど工夫をこらした。

コユキは、「アンケートなんて、だれも何も書いてこないと思った」という。自分の知っている同級生はみんな楽しそうに見えるし、休み時間になると男の子の話やファッションのことで盛り上がっている。だが、アンケートを回収して驚いた。

「○○さんがにらんでくる」「○○くんに悪口を言われた」などの人間関係の悩みや、「勉強のしかたがわからない」「いくらいっしょうけんめいに学習しても成績が上がらない」などの勉強の悩みが綴られていたのである。

コユキはハッとした。かつて自分も、勉強のしかたがわからずに悩んだときがあった。小学校までは得意だった算数が、中学で数学になって突然わからなくなった。塾に通うようになってから、なんとか授業についていけるようになったが、苦い思い出だ。

アンケートの一枚一枚に、コユキは「そうそう」「やっぱり」などと相づちを打った。「悩んでいたのはわたしだけじゃないのだ。友だちも同じ悩みを抱えているのだ」と知ると、すこし心がらくになったという。

「証拠を出せ!」と叫んだ男子生徒

その日のアンケートには豆つぶのような字で、「岡田くんと河合くんが悪口を言ってくる。そばを通るといやな顔をする。近藤」と書いてあった。

岡田くんと河合くんは、同じサッカー部でいつもいっしょに行動している。ふたりとも元気はいいが、すこしお調子者、脱線して同級生に迷惑をかけることもある。相談者の近藤さんは、学級でまったくめだたない存在。コユキたちが調査にいくと、「もういい、ひとりにしておいてほしい」と蚊が鳴くような声で下を向いた。

友人の大橋さんが「友だちのためなら」と証人に名乗りでて、子ども裁判の開廷が決まった。コユキたち裁判員は、近藤さんが黙り込んだらどうするか、男子のふたりが興奮して大声を出したらどうするか、などの対策を練った。

放課後の特別教室で、子ども裁判が開廷された。参加者は、相談者の近藤さん、岡田くんと河合くん、サチとコユキたち四人の子ども裁判員と二人の臨時裁判員、クラス担任、アドバイザーのわたし、そして証人の大橋さんの計十二人だ。

岡田くんと河合くんは、「どうしてオレたちだけが呼ばれなきゃいけないんだ」「きょうは用事があるんだ、何時に終わるんや」などと大声を出していた。司会者が会の目的を告げ、三人が宣誓すると質疑応答がスタートした。

「近藤さんは、ふたりに何を言われたの」

「キモイとかブキミとか」

「ふたりはほんとうにそんなことを言ったのですか」

「ふたりでしゃべっていただけ、言ってねえよ。オレたちが言った証拠があるの？」

ふたりは机をガタガタさせ、「言ってねえ、言ってねえ！」「（証拠を）出せ、出せ！」と大声で叫びはじめた。

司会者が「静かにしてください」と注意すると、すかさずほかの裁判員も「騒がない、騒がない」「まあまあ、落ち着いて」とふたりをなだめた。ふたりは静かになったが、順調だったのはここまでだった。

「近藤さんは、いつ、どこで言われたのですか」

司会者が確認すると、近藤さんは黙り込んでしまったのだ。司会者が何度催促しても、まったく反応しない。ふたりがここぞとばかりに「早く言えよ！　言え、言え」とふたたび騒ぎはじめると、近藤さんは体を丸めて両手で耳をふさいでしまった。

「近藤さんにかわってわたしが発言します」

そのとき、コユキが手を挙げて近藤さんの代弁を申し出た。司会者が許可すると、打ち合わせどおりコユキは近藤さんのとなりに移動して、「近藤さん、もう一度言って」と耳を近づけた。

「近藤さんは、教室や廊下で、ふたりに何度もキモイとかブキミとか言われたそうです。そのことは、友だちの大橋さんがよく知っているそうです」とコユキが代弁した。

「それでは、証人の大橋さんは、宣誓をしてから発言してください」

司会者にうながされ、大橋さんは宣誓して語りはじめた。

「岡田くんと河合くんは、近藤さんに近づいて、キャーッと奇声をあげたり、キモイとかブキミと言ってました。わたしは何回も『やめなさいよ』と注意したけど、ふたりは笑ってやめませんでした。このことは、まわりの席の子は全員知っています」

ふたりは顔を見あわせると、きまり悪そうに口を閉じて下を向いた。子ども裁判員たちが、近藤さんに謝るようにと意見を述べると、ふたりはしぶしぶ頭を下げた。

子ども裁判もまた万能ではない

子ども裁判は無事に閉廷したが、裁判員たちにいつもの笑顔はなかった。反省会では、「ふたりの態度がすごく頭にきた」「近藤さんも黙ってばかりでイライラした」といった意見が噴出した。「これだけがんばったのに、男子のふたりは不まじめすぎる」と怒りをぶちまける裁判員もいた。

サチも、「この話し合いは、ほんとうは解決していないと思いました。ふたりの男子は、頭は下げたけど心から謝ったとは思えないし、近藤さんの表情はあまりよいものではなかったからです。言いたいことがあるならば、この機会に言ってほしかったです。それに相手のふたりはすこしふざけている点も見られました」と不満を語った。

しかし、それからふたりが近藤さんにいじわるすることはなくなった。

大人社会の裁判にも冤罪《えんざい》や誤審があるように、子ども裁判はけっして万能ではない。ただ、子どもたちがいろいろと意見をだしあうなかで、たがいが理解を深めることに教育的な価値があるのだ。

コユキは、半年間の活動をつぎのようにふりかえった。

「はじめ、自分が裁判員なんてぜったいに無理だと思いました。クラスの友だちの悩みをわたしたちの力で解決するなんて、ぜったいにできないと考えていました。でも、裁判員になってみると、『そうでもないかな』と思うようになりました。アンケートに書かれた悩みを裁判員で話し合って、相談した子や相手の子に調査にいって、問題がありそうなときは裁判をもちました。そこでは、こうしたらいいとか、やめたほうがいいとか、みんながいろいろ意見をだしあいました。こうして意見をだしあうことで、いじめが解決していったと思います。とてもいい経験でした」

わたしは同校での三年目を迎え、子ども裁判の実践も、じょじょにではあるが定着しつつあると感じていた。生徒の相談には、合唱コンクールや体育大会などの生徒会行事や校則にかんするものも数多くあったが、そうした問題を話し合うにはクラスだけでは限界で、生徒会とも連動した活動が必要不可欠である。わたしは生徒会に子ども裁判所を設立する改革や、全校態勢へと子ども参加を広めることを夢見て、準備にとりかかった。

そんな折、校長から突然、呼び出しがかかった。

「来年度の人事だが、先生には小学校へ異動してもらいます」

寝耳に水である。わたしは異動希望をだしていない。ましてや小学校は、教員になりたてのころに二年ほど経験しただけで、まったくの未経験だ。

「突然、そんな話はないでしょう。理由はなんですか」

わたしは校長に食ってかかったが、「すでに決定ずみです」ととりつく島もなかった。

後日、同僚から、「校長は、子ども裁判で先生を裁いたことがお気に召さなかったようだ」と異動の理由について聞かされた。

わたしは、「教育委員会は、小学校ならば実践もできないと判断したのか。もう、中学校に戻ることはないだろう」とやりきれない気持ちで、二十六年間の中学校勤務に別れを告げた。

第六章 友だち委員から世界会議へ

「ぼくは、学校では透明人間になる」

「どうして、登校班長は一年生の子をたたいたの」

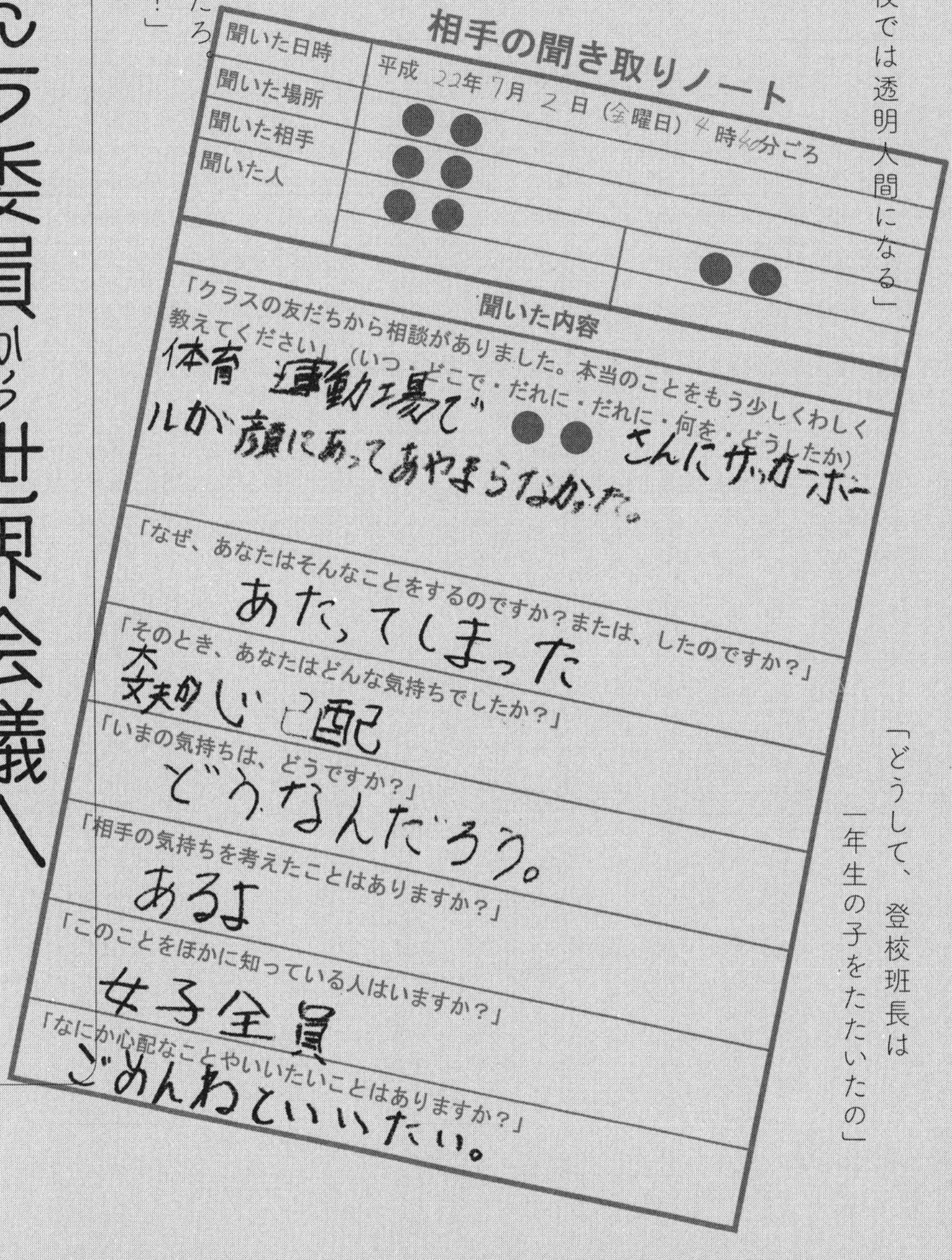

相手の聞き取りノート

聞いた日時	平成22年7月2日（金曜日）4時40分ごろ
聞いた場所	●●
聞いた相手	●●
聞いた人	●●
	●●

聞いた内容

「クラスの友だちから相談がありました。本当のことをもう少しくわしく教えてください」（いつ・どこで・だれに・だれに・何を・どうしたか）

体育 運動場で ●●さんにサッカーボールが顔にあってあやまらなかった。

「なぜ、あなたはそんなことをするのですか？または、したのですか？」

あたってしまった

「そのとき、あなたはどんな気持ちでしたか？」

大丈夫か心配

「いまの気持ちは、どうですか？」

どうなんだろう。

「相手の気持ちを考えたことはありますか？」

あるよ

「このことをほかに知っている人はいますか？」

女子全員

「なにか心配なことやいいたいことはありますか？」

ごめんねといいたい。

「どうせまた怒られるんだろ。ぼくはどこも悪くないぞ！」

教室から〝Nice to meet you.〟

わたしは、地元の小学校へ赴任した。

背丈は、わたしの半分ほどの子どもたち。カラフルな洋服に、かわいいランドセル。下足箱やトイレには、小さな靴やスリッパが行儀よく並んでいた。机やイスは驚くほど小さく、教室の水槽にはメダカやフナが飼育されていた。

新設された英語教室からは、〝Good morning. Nice to meet you.〟と子どもたちの大きな声が聞こえてきた。そして、圧倒的に多い女性教師。子どものなかには六年間、女性担任という子もいた。

小学校の風景はかつてとすっかり変わっていたが、子どもたちはむかしのままで、休み時間になると運動場でドッジボールや一輪車乗りをしたり、ジャングルジムや滑り台で遊んだりしていた。

わたしの校務分掌は、二年生から六年生までの図画工作担当。それにトイレや水道、廊下や教室の破損箇所を修繕する係になった。古い校舎には、いたるところにひび割れや危険な箇所があった。放課後になると、ノコギリや金づちの入った工具箱を手に校内を走りまわった。

図画工作の教科では長く、絵画や工作が中心だったが、最近は興味関心が重視され、自分らしい表現の追求と、生涯にわたって美術を愛好する気持ちの育成に重きがおかれるようになった。ビニル袋や布をつなげたり切り裂いたりして風になびかせる、新聞紙や段ボールで教室や廊下を飾る、窓ガラスやビニルシートにセロハンや絵の具で色づけするなどの授業に、子どもたちは楽しそうに取り組んだ。鑑賞の授業では、友だちや有名画家の作品を鑑賞するだけでなく、地域に飛びだして街角のデザインや造形物を見学した。

小学生といっても、一年生と六年生ではまったく違う。下級生の場合は一斉指導したあと、さらにひとりひとりに確認をとる必要がある。そうしないと、何度でも同じことを聞きにくる。上級生になると思春期を迎え、体格やことばづかいも大人っぽくなり、集団としてのまとまりができてくる。かつてコルチャックは、孤児院の実践で十二歳から十四歳までの五人の裁判官を選んだ。十二歳といえば小学校の六年生にもあたるが、その年齢がほんとうに適当だったのか、どんな判断でそうしたのか、興味があった。

いったい、子ども裁判は何歳ぐらいからスタートさせるのが適当だろうか。児童の発達段階から考えると、九歳か十歳にあたる小学四年生ごろがいいとわたしは思った。この時期は「ギャングエイジ」と呼ばれ、特徴として、親や教師の意見よりも自分が属する仲間集団の言動を重視し、仲間うちだけの約束ごとや罰則を決めて結束を固めようとする、まさに成長の節目である。

それを確かめる機会は、ほどなくやってきた。

「どうせまた怒られるんだろ」

プール開きの六月、四年生を受け持つ教職三年目の女性教師から、「担任したクラスに気になる子がいる」と相談があった。わたしにとっては、まさに渡りに舟だった。

わたしは担任に、男女各二人、計四人の子ども裁判員を選んでもらった。名称は小学校ということもあり、「友だち委員」と命名した。担任が選んだ友だち委員たちは、満九歳だった。かれらはクラス員に、「クラスで何か困っていることや悩んでいることがありませんか」と、手づくりのかわいい悩みアンケートを配った。

相談は、寺井くんというひとりの男の子のことに集中した。

「寺井くんが授業中にうるさい」「寺井くんが掃除をまじめにやらない」「寺井くんが悪口を言う」などなど。子どもたちと同様、若い担任はこの男の子に手を焼いていた。寺井くんは明るく活発な男の子で、いつもジョークを言ってはみんなを笑わせる。勉強もスポーツも優秀で、クラスのボス的存在だ。

昼休みの相談室で話し合いをもった。参加者は、寺井くん、二人の相談者、四人の友だち委員、担任、そしてわたしの計九人。

寺井くんは教室に入ってくるなり、腕を組み口をとがらせて、「昼休みにドッジボールしたかったな。どうして、ぼくだけ呼ばれたの。どうせまた怒られるんだろ、わかってるから。ぼくはどこも悪くないぞ！」とドカリとイスに腰かけた。

司会進行は担任が務め、「だれも寺井くんのことを責めていないよ。友だちの悩みをいっしょに解決してほしいだけだよ」とやさしく諭した。友だち委員は、寺井くんに思いや質問を投げかけた。

「寺井くんは、授業中にうるさくしないでほしい。先生の話が聞こえない」

「ぼくは生まれつきうるさいタイプ。ぼく的にはそんなに大きな声で話しているつもりはないぞ。それでいいんじゃないかなあ」

「寺井くんは、先生に当てられるまえに答えを言ってしまう。どうして」

「だって、答えを言いたくなる」

「ダメだよ」

「そんなの気にしなければいい」

「手を挙げて発表できないの?」

「たぶん、できないと思う」

ひとすじ縄でいかない寺井くんに、若い担任はさぞや悩んだことだろう。しかし、友だち委員の意見には説得力があり、寺井くんの気持ちを気づかうものだった。

「寺井くんはおもしろいことを言うときもあるけど、それがだんだんエスカレートしてうるさくなるから、そこんところを気をつけたほうがいいよ」

「寺井くんはドッジボールも強いし、みんなとなかよくしたほうがいい」

「答えが言いたくなったら、手で口を押さえたらいい」

寺井くんは、友だち委員の意見を腕組みしながら聞いていた。最後に、担任が「寺井くんは、直せるところはすこしずつ直していけるといいね」と述べ、話し合いは三十分ほどで終了した。

翌日、教室をのぞくと、寺井くんが右手で必死に口を押さえながら手を挙げているのが見えた。

集団登校で起きたトラブル

小学校勤務五年目の年、わたしは病気休暇となった同僚にかわり、ひと月ほど五年生のクラス担任を受け持つことになった。クラスでは、八人の班長が、給食の準備や掃除のお手伝いなど、いっしょうけんめいに活動していた。

そのクラスの女の子から、「登校グループの班長が一年生の子をたたいている」と報告があった。

この地区では、小学生は町内ごとに数人の登校グループを組み、高学年の登校班長を先頭に、一年生から順に並んで登校している。その道中に、五年生の登校班長が、「歩くのが遅い」と一年生の子の頭を小突いたという。いったい、どんな問題が起きたのだろうか。本来なら、担任がひとこと注意してすませるところだが、わたしはこの一件を子ども裁判で解決しようと考えた。

昼休みの教室。事前に班長たちと司会進行などのかんたんな打ち合わせをしてから、話し合いを開いた。参加者は登校班長、相談した女の子、八人の班長、それにわたしの計十一人。司会進行は、班長の代表が担当した。

司会が、「これから、登校グループで起きた問題について話し合います。どうしたら問題が解決するか、どしどし意見を言ってください」と会の目的を告げ、話し合いがスタートした。まず、質疑応答から。班長たちがいっせいに手を挙げた。

「どうして、登校班長は一年生の子をたたいたの」

「歩くのが遅いからです」

「遅いだけでたたいたの？　一年生だから、歩くのが遅いのはしかたないよ」

「どんなふうにたたいたの」

「交通安全旗で頭に軽くコツンとふれただけ」

登校班長はすこし不満そうだ。

「一年生の子は、痛いと泣いてたよ」

「だって、一年生の子は、ぼくが何回も注意しているのにおしゃべりをやめない。それに時間までに登校しないと、ぼくが先生に怒られる」


班長の言うこともっともだ。教師は「登校時間を守ろう」と呼びかけ、警察署からは交通担当の職員が出向いて交通安全指導をおこなっている。しかし、雨の日は傘をさして列が長くなる。風の強い日は、大きなランドセルを背負った一年生はふらふら歩きだ。雪の日は、長靴で雪を踏みわけながら登校しなくてはならない。それを班長は時間内に到着させなければならないのだ。ほかの地区では、登校途中にうしろから押された一年生がケガをする事件も起きている。


質疑応答のあとに班長たちは意見を述べたが、わたしは子どもたちの柔軟な発想に舌を巻いた。

「高学年の子は、一年生の子の横に並んで手をつないで登校してあげたらいい」

「雨の日や重い荷物のある日は、高学年の子が低学年の子の荷物を持ってあげるといい」

「横断歩道では早く渡るように、みんなで声をかけあったらどう?」


登校班長は、班長たちの意見にうなずいた。その後、この登校グループからトラブルは消えた。

子どもは言いたいことが言えているのか

わたしには、小学校の子どもたちが日頃どんな悩みを抱えているのか、本音のところが知りたかった。二〇一二年度の文科省の問題行動調査では、非行の低年齢化が顕著で、とくに小学生の暴力行為が増えているという。

自治体は子どもたちに「ひとりで悩まないで」と、専用電話や相談員を配置している。学校でも、教室や廊下にいじめ防止のポスターが掲示してある。しかし、子どもたちはほんとうに言いたいことを言えているのだろうか。中学校の場合は教科ごとに担当の教師がかわるために、クラスのようすが外からも見えやすい。でも、小学校は担任ひとりでほぼ全教科を受け持つため、なかのようすはうかがいにくい。

わたしは図工室にやってくる三年生から六年生の児童約二百人に、「あなたは、友だちや先生、お父さんやお母さんに言いたい、でも言えないことはありますか」とアンケートした。

子どもたちは、「あるある、いっぱいある」「ほんとうのこと書いてもいいの?」「名前は書かなくていいの?」「ママやパパのことでもいいの?」などと口にして、日頃言えないことをアンケート用紙に書いてくれた。

まず、友だちにたいすること。

「言ったらあかんよと言ったのに、ほかの子にバラした」「すごく仲のいい友だちに家のことで悪口を言われて、『うるさい』って言いたい」「Aさんがいつも、ものでつろうとする」「なんでも親に言う」「すぐに先生にチクる」「Bさんに勝手に親友と思われている」「Cさんはすぐにすねる、泣く」「Dさんは自分がやったのに、ぜったいにやったと言わない」「Eさんはゴメンと言うだけで、すこしも反省していない」「友だちから『あんたのお母さん、お化粧濃いね』と言われた」「友だちがぼくの持っていたものをほしいと言って、あげないと怒る」「人のものを勝手に使う」「成績のことを自慢する」「家のことを自慢する」など。

でも言えない、という理由。

「親や先生にチクられる」「それはいじめだと言われる」「仲間はずれにされる」「暴力をふるわれる」「悪口を言われる」「陰口を言われる」「親に言えばいいと思っている、と言われる」など。

お父さんやお母さん、家族にたいすること。

「友だちはいい子なのに、『あの子と遊んじゃいけない』と言われる」「友だちが遊べないのに、外で遊んでこいと言う」「習いごとをやめたいけど言えない」「友だちといろいろとくらべられる」「いつも夫婦ゲンカばかりしている」「お兄ちゃんとくらべる」「おチビちゃんと呼ぶ」「夜にこっそりお菓子を食べている」「ゲームの時間を長くしてほしい」「すぐに怒る、ヒステリー」「宿題をやったのに、『宿題やったの』と何度も言う」「おばあちゃんがいい高校、いい大学に行けと言う」など。

でも言えない、という理由。

「怒られる」「言いかえされる」「あなたも何かしたんじゃない、と言われる」「まえに生意気な子と言われた」「あなたのためだと言われる」「しかられる」「ママが『自分で決めたことでしょ』と怒る」「言ってもムダ」「ママはわたしがイヤだと知っていてもやらせる」「ママに言うと、おばあちゃんに言う。おばあちゃんはすぐに学校に電話する」など。

教師や担任にたいすること。

「宿題が多い」「話が長い」「まえの学年と比較する」「機嫌が悪いと子どもにあたる」「声が大きい」「もっと成績を上げてほしい」「学校でうんこをしたいけど言えない」「大きな声でみんなの前で怒らないでほしい」「同じことを何度も言わないでほしい、一度でわかります」「自慢話をするのをやめてほしい」「雪のときは外で遊びたい」「人の日記を勝手に読んでほしくない」「給食のとき残さず食べなさいと言うけど、自分も残している」「楽しい話もしてほしい」など。

でも言えない、という理由。

「親に連絡される」「先生に言うと、その子がみんなの前でしかられる」「友だちから告げ口したと言われる」「怒られる」「怖い」「言いかえされる」「先生のくせに泣く」「言うと悪口になる」「やっかいなことになる」「言ってもどうしようもない」「先生はぜったいに直さない」など。

いじめの対応について、高学年のある児童が担任への不満を綴った。

「クラスの学級会で『いじめをなくすにはどうしたらいいか』を話し合った。みんなは『おたがいに気をつける』『みんなで注意しあう』『相手の気持ちを考える』と意見を言った。でも、クラスで悪口を言う事件が起きた。すると担任の先生はぼくたちに、『自分たちが学級会で決めたことがどうして守れないの』と怒って、また学級会で話し合うことになった。もう話し合いたくない」

いったい、これを会議と呼ぶのだろうか。責められるのは、つねに子どもである。こんなことがくりかえされれば、子どもたちが口を閉ざすのも当然だ。保護者も教師も大人たちは、「子ども目線」「子どもの気持ちをたいせつにする」などと口にするのに、どうしたことだろうか。

子どもが大人に言えない理由に、だれひとりとして「たたかれる」「殴られる」などと書いた子はいなかった。子どもたちが不安・不満に感じているのは、「しかられる」「大声で怒鳴られる」「言いかえされる」など、すべて大人の「口」である。

〝しかりなれた教師〟と〝しかられなれた子ども〟

学校には、「子どもはほめるときは思いっきりほめ、しかるときは本気でしかる」という「しかる・ほめる」指導方法がある。

文科省もいじめなどの指導について、「問題行動を起こす児童生徒に対し、毅然とした指導を行う」と通知し(「問題行動を起こす児童生徒に対する指導について」、平成十九年二月五日)、許される懲戒例として「授業中、教室内に起立させる」「学習課題や清掃活動を課す」「立ち歩きの多い児童生徒をしかって席につかせる」などと具体的に示している。

たしかに、小さな子どものしつけならばそれもいい。ダメなものはダメときびしく本気でしかることもある。しかし、学年が上がっていくと、それだけでは通じなくなる。

紹介した四年生の寺井くんは、「どうせまた怒られるんだろ、わかってるから。ぼくはどこも悪くないぞ!」と叫んだが、彼は小学校に入学したときから教師たちに「落ち着きのない子、生意気な子、自分勝手な子」とずーっとしかられてきた。

ある子どもは、「ぼくは、学校では透明人間になる(教師から見えない存在になる)」と言ったが、子どもは幼いうちはただ教師の「口」にビクビクとおびえ、オロオロと立ちすくんでいるだけだ。

しかし、小学生も高学年になると、「またはじまった。うるさいなあ」「勝手に怒鳴っていればいい」などと教師を目の敵にするようになる。教師は教師で、「この子はまだわたしの言うことを聞かない」とさらにトーンを上げていくが、中学生ぐらいになると、「うぜえ」「やかましい」「黙れ」「おまえなんかすこしも怖くない」と言いかえしてくる。

わたしは「しかる行為」をとやかく言いたいのではない。時と場合によっては「本気でしかる」こともある。しかし、それはいっときであり、指導方法として常用してはならない。なぜなら〝しかりなれた教師〟は、「先生には何を言っても無駄だ」というあきらめをもった〝しかられなれた子ども〟を生みだし、子どもの口を閉じることになるからだ。

国際コルチャック会議で発表

二〇一〇年八月、四日間にわたり、東京の明治大学を会場として日本、そしてアジアではじめての「国際コルチャック会議」(国際ヤヌシュ・コルチャック協会と日本ヤヌシュ・コルチャック協会主催)が開催された。総務省やユニセフ、日本教育学会、ポーランド大使館など十の団体が後援し、日本の教育関係者はもとより、世界の九か国と地域から研究者や実践者が参加した。ここでわたしは、これまでの小中学校での取り組みを「日本における子ども裁判の実践」として発表する機会をいただいた。もちろん、わたしにとって世界大会での発表など、はじめての経験だ。

初日のオープニング・セレモニーでは、国際ヤヌシュ・コルチャック協会会長、明治大学学長、国連子どもの権利委員会、総務大臣のあいさつやメッセージが披露され、国際コルチャック会議の名誉議長である黒柳徹子さんの記念講演があった。

二日目、わたしの発表は、日本教育学会の塚本智宏先生の「子どもの権利思想の歴史とコルチャック」の発表に続いて設定された。会場にはプレゼン用の大スクリーンが用意され、同時通訳もあり、テレビカメラにスタッフ、ボランティアの方々が忙しそうに動きまわっていた。

海外から招かれたプレゼンターたちは、だれもが動作が大きく、顔の表情も生き生きしており、時間を気にせず原稿も見ないで、聴衆の目を見ながら問いかけるように話す。

パレスチナから参加した代表は、エルサレムの東に位置する保護施設の活動を紹介。パレスチナの三歳から十五歳までの孤児や貧しい少女たちにたいし、シェルター（住居）・食料・衣料・教育・医療などを無償で提供し、十一人のスタッフがともに生活しているという。かれらは「母を教育することは国民を教育すること」というアラビア語のことわざを理念に、母親への教育をスタートさせ、今後はさらに活動の輪を広げたいと発表した。

いよいよわたしの順番になった。発表は、用意した子どもたちの映像が好評で、いろいろな国の代表から、「日本での実践がとてもよくわかった」「話し合いをしている子どもたちの真剣さが伝わってきた」などの感想をいただいた。

大会開催中、NHKアナウンサーの村上由利子さんのはからいで、東京・埼玉・神奈川の小中学生二十人ほどに協力をお願いし、「模擬子ども裁判」を実践してもらった。参加した子どもの相談に子どもたちが応えるスタイルで、テーマは、小学生の男の子の「ぼくの悩みは、自分が人からどう見られているかです。友だちから嫌われていないかです」という相談についてだった。

中学二年生の女子生徒は、「わたしも中学一年のときにそうしたことがあった。思い込むとつらくなるから、あまり気にしないほうがいい」とアドバイス。中学校の男子生徒は、「ほかのことで気をまぎらわしたり、自分に自信をもって、だいじょうぶと思うこと」と語りかけた。男の子は、「大人だと遠慮して意見が言えないけど、子どもどうしだとはっきり言える。同じ目線で答えてくれてわかりやすい」と感想を述べた。この企画は、その日のうちにＮＨＫテレビで関東地方一円に放映され、ＮＨＫラジオでは全国に放送された。

収録終了後、会場には、大会の名誉議長の黒柳徹子さんが子どもたちの激励に訪れた。黒柳さんは、ポーランド政府によって国際的なヤヌシュ・コルチャック賞を贈られている。

「あら、あなたたち、ここで何してるの」

黒柳さんの問いかけに、子どもたちが大喜びで「友だちの悩みについて話しています」と答えると、「それは、ごくろうさま」と黒柳さんも笑顔で答えてくださった。

こうして、大会は無事に閉幕した。

おわりに――パートナーとしての子どもたちへ

中学生は、何を求め、何を歓迎したのか

子ども裁判で司会の生徒から、「つぎは、先生の意見を聞きましょう」と指名されたとき、わたしは何も答えられないことが何度かあった。それは、すべてが子どもたちの意見で言いつくされていたからだ。

これ以上、何を言えばいいのか、これまで自分は子どもの何を見て、何を聞いて、何をしてきたのかと、後悔と自責の念に打たれた。そして、学校や大人社会は問題への対応について、数多くの過ちを犯していたことに気づかされた。

子ども裁判で子どもたち、とりわけ中学生たちは何を求め、何を主張し、何を歓迎したのだろうか。

第一に、「みずから参加すること」だ。

中学生たちは、「自分たちのことは自分たちでやりたい」「クラスのことは自分たちで決めたい」と、みずから参加することを望んだ。

子ども裁判員に立候補した中学生たちは、「がんばりたいことは、クラス全員の悩みをなくすことです」「友だちのプライバシーを守りたい」「仲間に信頼される人になりたいです」「差別のないクラスをつくっていきたい」「わたしはクラスで困っている子がいたら、きちんと悩みを聞いて助けてあ

げたい」「ひとりで寂しそうにしている子がいたら声をかけたい」などと語った。

子どもの権利条約は、「子どもの参加」や「子どもが意見を表明する権利」をうたっている。しかし、それは子どもの好き勝手を認めたものでも、善良な大人から「はい、どうぞ」と与えられたプレゼントでもない。人類の長い歴史のなかで、子どもたち自身が受けてきた数々の苦しみや悲しみ、戦争や虐待、抑圧や差別や搾取や暴力など、犠牲の上に築かれた遺産である。

大人は子どもの個性や可能性を口にするが、「玉磨かざれば器を成さず」とことわざにあるように、どんなにすぐれた資質や才能、個性をもっていても、努力して自分を磨かなければ、その才能や個性を活かすことはできない。

参加の場には、いろいろな困難が待ち受けている。楽しいことばかりではなく、つらく悲しいこともある。だが、中学生はみずからの意志で参加し、問題を克服するというイバラの道を選択した。大人たちは、この勇気ある選択に敬意を払うべきだ。

中学生たちが求め、主張し、歓迎したもの。それは第二に、「許し、変わること」だ。

大人は子どもたちに向かって、「いじめは人間としてぜったいに許されない」「社会で許されない行為は、子どもでも許されない」と語ってきた。

たしかに、大人はそれですむかもしれない。意気揚々とその場を立ち去ればいい。しかし、子どもは違う。すぐさまふたたび相手の子と同じ教室に戻り、いっしょに授業を受け、給食を食べ、掃除をして生活していかねばならない。いくら避けようとしても、狭い空間で顔をあわせずに生活することなど不可能だ。

「ぜったいに許さない」という気持ちのままでは、望ましい人間関係を築くことなどできるはずがない。もし、つぎに自分が同じような過ちをしたときに、相手の子が「ぜったいに許さない」とつめよってきたら、どう返答するのか。

子どもたちは、いじめられた子に相手を許すことを求めた。それだけではない。子どもたちは、いじめられた子にもいじめた子にも、新しい自分に変わることを求めた。

いじめられてもただ黙っている子には、「それではダメだよ。もっと勇気をだして意見を言わなくてはいけないよ」と語りかけ、いじめっ子には、「相手の子がいやがっている。友だちにはやさしくしなくてはいけないよ」と諭した。

変わるとは、成長することだ。成長とは、以前の古い殻を破り、新しい自分に生まれ変わることである。子どもたちは、友だちに成長することを求め、応援し、励まし、その変化を歓迎した。その声に、「このままではダメだ。こんどはわたしが恩返しをしなくては」と子ども裁判員に立候補した生徒もいた。

中学生たちは、友だちが変われば学級が変わる、学級が変われば学校が変わることを教えてくれた。

第三に、「問題を話し合いで解決すること」をかれらは求め、またそれを歓迎した。

中学生たちは、命令や強制や罰則ではなく、粘り強く話し合うことで問題の解決を求めた。それはとりもなおさず、話し合いを第一原則とした「子ども裁判」という仕組みがさらに発展することにもつながる。

「わたしは中学校の班長会（当時）で自分たちの意見や悩みを自由に言えました。心もすっきりするし、自分がいけない側でも先生は黙って聞かれます。話し合うなかで、自分もだんだんといけないことに気づき、同じ失敗をしないように心がけるようになりました。わたしはこれからもひとつひとつの問題を話し合いで解決していきたいと思います」（中学一年生・女子）

「わたしはこの仕組みがとてもいいと思います。とくに、ボランティア・コースは、自分のためにもみんなのためにもなると思います」（中学一年生・女子）

「この仕組みは、いちばんやりやすい方法じゃないかと思いました。現に悩みも減ったし、一度も未解決はなかったので効果絶大だなあと思いました。来年も、この方法をとり入れてほしいです」（中学一年生・男子）

「いままでは、グループの問題が起こっても、そのグループの問題で自分には関係ないと思っていた。それに、問題を起こした人は先生に呼び出される、というように、問題は先生が解決して、自分たちで解決しようとは思っていなかった。これは人任せになっている証拠だ。でも、このクラスでは自分たちでアンケートをとり、話し合いで解決したので、ほかのグループや友だちの問題を自分の問題として考えることができた。ほんとうによかった」（中学二年生・男子）

こうした中学生の発言は、従来の問題解決の方法ばかりか、これまで大人社会が描いていた子ども像に転換を迫っている。

中学生が主張した、「社会に参加すること」「相手を許すだけでなく、新しい自分に変わること」「話し合いによって解決すること」はどれをとっても、子どもだけでなく大人にも求められる課題である。同じ課題を共有することは、子どもも大人も同じ人間として、パートナーとして、同じ方向を向けるということだ。

子どもはけっして未熟な存在でも、何をしでかすかわからない得体のしれない異物でもない。それは、大人の卑屈で歪んだ偏見にすぎない。子どもは、パートナーとして手をとりあわねばならない存在なのだ。

大人社会にはまだまだ、子どもを下に見ようとすることばが満ちあふれている。たとえば「子ども目線」はよく使われることばで、教師は「子どもの目線で見よう」「子どもの目線になって考えよう」などと言う。同じステージに立ち、同じ課題を共有するならば、子ども目線も大人目線もない。

子ども裁判への道のりは、二十年あまりにわたる、山あり谷ありの道中であった。しかし、子どもたちといっしょに歩んだ行程は、まるで遠足かピクニックのように、じつに楽しく愉快で、飽きることがなかった。子どもたちは、「いいこと考えた」と言ってさまざまな提案や意見をだし、アッと驚くような仕組みを創造してきた。まさに子ども裁判は、子どもたちの汗と涙の結晶である。

地域に子どもを呼び戻そう

二〇一三年六月、わたしは地域の農家の方から一反の田んぼをお借りし、子どもたちに「田植え体験」への参加を呼びかけた。

当日、三歳の保育園児から小学校六年生まで、総勢五十人ほどの子どもと保護者が、思い思いの姿で田んぼに集合した。先祖代々の農家のおばあちゃんは、「うちの孫は田植えをしたことがない」とお孫さん連れで参加。近所の若いお父さんは、「この子も土に触れさせたい」と三歳の子どもを連れて飛び入り参加した。

田植えをするまえに、まず田んぼにかかわる用語の学習をした。

「一反」は、およそ三百坪、九百九十平方メートル。「代《しろ》かき」は、水を張って田植えができるようにした田。「苗」は、発芽後十七日目の温室苗。「あぜ」は、水田から水が漏れるのを防ぐほかに農作業をするときの通路。「取水口」と「排水口」は、水田へ水をとり入れるなどの調整口。田んぼには、あぜを壊さないようにそうっと入ること。一株は三本で、上からさす感じで植え、深さは三〜四センチ（小学生なら中指の第二関節ぐらい）。

さあ、いよいよ田植えだ。

横一列に三十人ほどの親子が手に苗を持ち、裸足で整列。田んぼの両脇では地域の方が、苗幅が三十センチになるように目印をつけたロープを張った柱を持っている。

「さあ、準備はいいかい。では、ゆっくりと田んぼに入って」

わたしは、子どもたちに掛け声をかけた。

「え、裸足で入るの。気持ち悪い」

子どもたちはなかなか入ろうとしない。ひとりの男の子が、恐る恐るそろりと田んぼに足を入れた。

「わ、つめてえ。気持ちいい」

男の子の声に、子どもたちがいっせいに田んぼに足をつっこむ。キャー、ワーと歓声があがる。ここからがひと騒動だ。苗の根が絡まって三本が上手に分けられない。第二関節といっても泥水でわからない。根をちぎって葉だけ植えている子、足がとられて前に進めずに尻もちをつき泣きだす子などに、田んぼの周囲の大人は大笑い。

「キャー、カエル！」

女の子が悲鳴をあげる。田んぼには、カエル、オタマジャクシ、ザリガニ、タニシ、ミズスマシなどが生きている。まさに自然と人間が織りなす広大なビオトープである。

「苗、ください！」

「こっちにもお願いします」

田植えに慣れてきた子どもたちが、苗を要求する。お手伝いの大人が、苗を放り投げる。泥がはねあがると、歓声があがる。汗をぬぐって顔じゅう泥だらけになった子どもの姿は、まさに一服の清涼剤である。

親子田植え体験

「この土の匂いやわ。なつかしいわ。何十年ぶりやろか」

子どもたちに交じって田植えを教えていたおばあちゃんがつぶやく。赤ちゃんを抱いたお母さん、犬の散歩をしている人、ものめずらしそうに立ち止まっている人、カメラを手にした写真愛好家など、しだいに人の輪が広がっていく。かれらのために交通整理をするおじちゃんまで登場した。

自然は大きな教室だ。地域には、子どもたちをひきつける魅力的な場所がまだまだいっぱいある。わたしはそれに気がつかなかった。

これまで学校は、家庭や地域から子どもたちを奪ってきたのではないか、そして、子どもたちからあまりに多くの時間を奪ってきたのではないか。

わたしは、苗を植える子どもたちの姿を見ながら思った。

田植えは一時間ほどで終了し、参加者全員が泥だらけの顔で差し入れのみたらし団子をほおばった。

いったい、子どもとはなんだろうか。

大人でも驚くようなボールさばきを披露したかと思うと、給食でご飯をポロポロとこぼしている。アイドルスターや恐竜の名前ならなんでも知っているのに、さっき言ったことをもう忘れている。カエルやバッタに平気でさわるのに、お化けが怖くて夜ひとりでトイレに行けない。何かがあって、何かが欠けている。

かつてコルチャックは、そんな子どもたちとの生活を送り、「将来は、すべての学校に子どもたちの裁判所ができるだろう」と予言した。

しかし、いまだ道半ばである。

末筆ながら、太郎次郎社エディタスの北山理子さんと漆谷伸人さん、東海大学の塚本智宏先生には、執筆にたいし、いろいろとご助言をいただいた。心からお礼を述べたい。

平墳雅弘

二〇一四年二月

［著者紹介］

平墳雅弘（ひらつか・まさひろ）

一九五六年、岐阜県大垣市生まれ。二十六年間にわたる中学校勤務をへて、二〇〇七年より、岐阜県内の公立小学校教諭。現在、大垣市立安井小学校勤務。専門は美術。

コルチャックの「仲間裁判」に着想を得た、子ども自身による問題解決の仕組みとして「子ども裁判」を考案・実践し、いじめや不登校などさまざまな問題に向きあってきた。二〇一〇年、国際コルチャック会議で「子ども裁判」の実践を発表。中日教育賞受賞。

著書に、『日本初「子ども裁判」の実践』（国土社）、『生徒が生徒を指導するシステム』（学陽書房）がある。

［著者連絡先］

hirahira@octn.jp

「ひと」BOOKS

子どもが解決！クラスのもめごと

二〇一四年三月五日　初版印刷

二〇一四年三月三〇日　初版発行

著者……………平墳雅弘

ブックデザイン………佐藤篤司

発行者……………北山理子

発行所……………株式会社太郎次郎社エディタス

東京都文京区本郷四－三－四－三階　〒一一三－〇〇三三

電話　〇三－三八一五－〇六〇五

FAX　〇三－三八一五－〇六九八

http://www.tarojiro.co.jp/

電子メール　tarojiro@tarojiro.co.jp

印刷・製本…………厚徳社

定価……………カバーに表示してあります

ISBN978-4-8118-0767-6　C0037

「ひと」BOOKS・好評既刊のご案内

＊――定価は税別です。

はじまりをたどる「歴史」の授業

千葉保・著　音楽室・理科室・家庭科室・図書室。最初にできた特別教室は？　校舎の移り変わりをたどっていくと、隠れた歴史がみえてくる！　身近な特別教室から南太平洋ヤップ島の石貨まで、教科書の叙述から一歩ぬけだし、歴史の楽しさをダイナミックに感じる六つの授業。

Ａ５判並製・一四四ページ・一八〇〇円

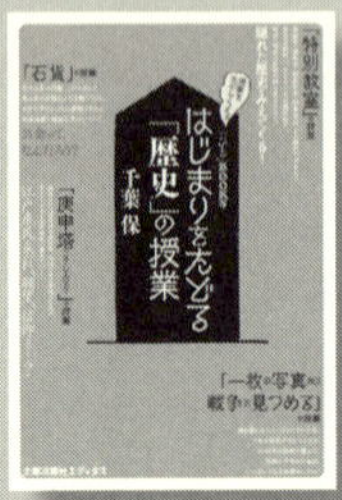

食からみえる「現代」の授業

千葉保・著　豚は、食べられるために生まれてくるの？　子豚たちのかわいい写真で幕を開けた授業は急展開。「いのち」を食べることの意味って？　豚肉、コンビニ弁当、マクドナルド、ペットボトル水……見なれたモノに「現代」がつまっている！　驚きの連続に、学びが弾む授業集。

Ａ５判並製・一六〇ページ・一八〇〇円

授業　俳句を読む、俳句を作る

青木幹勇・著　子ども俳句のコンテスト応募者20万人。みずみずしく独創的な表現は、子どももおとなも魅きつける。子ども俳句から出発し、「ごんぎつね」など物語教材による作句指導にいたるまで。国語教室でだれでもできる俳句指導の決定版。

Ａ５判並製・一六八ページ・一八〇〇円

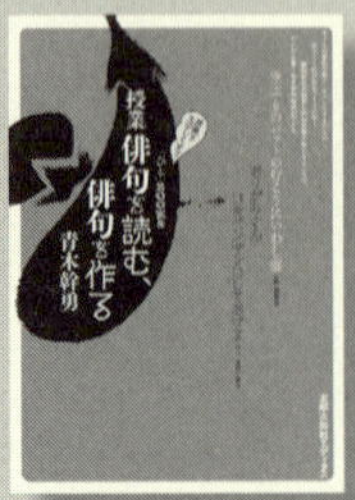

エネルギーと放射線の授業

「現代」の授業を考える会・編　電気も選んで買える？　夏でも４℃を保つ非電化冷蔵庫って？　さまざまな角度からエネルギーについて考え、放射線とは何かをきちんと知って身を守る。原発事故後の世界を生きるために、子どもとともに学び、考える授業を提案。

Ａ５判並製・一六〇ページ・一八〇〇円